CROESI'R MILENIWM – CADW'R FFYDD

CROESI'R MILENIWM
– CADW'R FFYDD

GLYN TUDWAL JONES

Dymuna'r cyhoeddwyr gydnabod cymorth
Adrannau Cyngor Llyfrau Cymru

ISBN 1 874786 75 5

Cyhoeddwyd gan Wasg Pantycelyn, Caernarfon
ar ran
Bwrdd y Ddarlith Davies

CYNNWYS

CYFLWYNEDIG I
MENNA AC ALUN
A'U CENHEDLAETH

RHAGAIR

Tyfodd y syniad ar gyfer y gyfrol hon, ynghyd â llawer o'r deunydd, o ddau gyfeiriad. Yn gyntaf, derbyniais wahoddiad yn 1995 i draddodi'r Ddarlith Davies yng Nghymanfa Gyffredinol Eglwys Besbyteraidd Cymru, ac fe'i traddodais ym mis Gorffennaf 1997 o dan y teitl "Ac ni bu dwthwn fel y dwthwn hwn". Rwyf yn hynod ddiolchgar i Fwrdd y Ddarlith Davies am yr anrhydedd o draddodi'r Ddarlith, ac yn ei chyfrif yn fraint arbennig cael gwneud hynny. Bu derbyn y gwahoddiad yn symbyliad imi osod trefn ar lawer o bethau oedd wedi bod yn cronni yn fy meddwl ers tro, ac yn gyfle i weithredu ar yr awydd i fynd i'r afael â rhyw gwestiynau sydd, i'm meddwl i, yn herio ffydd y Cristion. Sut y mae amddiffyn y ffydd heddiw yn wyneb cymaint o ffactorau sy'n creu bygythiad iddi, a sut yr ydym i ddal at ein cred fel Cristnogion ar drothwy'r trydydd Mileniwm Cristnogol? Os ydym yn credu bod ein ffydd yn berthnasol o hyd, yna rhaid inni fwrw i'r dasg o'i gosod yn erbyn y cefndir meddwl cyfoes, gan geisio'i chyflwyno mewn ffordd fydd yn ddealladwy i bobl ein hoes.

Yr ail beth a'm hysgogodd i gasglu fy meddyliau ynghyd oedd yr angen i baratoi deunydd newydd ar gyfer fy nosbarth yn Adran Addysg Barhaol Prifysgol Cymru, Bangor (neu Adran Efrydiau Allanol fel yr arferid ei galw). Bûm yn Diwtor ar y dosbarth hwn dros gyfnod o bedair blynedd ar ddeg, a bu ei aelodau'n hynod deyrngar ar hyd y cyfnod hwnnw. Yn ystod y flwyddyn 1996-97 buom yn trafod rhai o'r pynciau sy'n codi'r cwestiynau mwyaf dyrys i'r Cristion heddiw, sef:

(1) Ffydd a'r diwylliant cyfoes, yng ngoleuni'r athroniaeth honno sy'n dwyn yr enw "ôl-Foderniaeth".
(2) Cosmoleg, yng ngoleuni'r "Ffiseg Newydd".

(3) Y diddordeb newydd yn syniadau Darwin a'u hoblygiadau.

(4) Cyfraniad Bioleg foleciwlar i'n dealltwriaeth o'r hyn a olygir wrth fod yn "ddynol".

O dan bwysau'r datblygiadau hyn mae'r hen sylfeini'n gwegian heddiw, ac oni bai ein bod yn barod i'w cymryd o ddifrif rydym mewn perygl o'n cael ein hunain wedi ein gadael ar ôl, yn dal i feddwl ac i ddadlau mewn termau nad ydynt yn ystyrlon bellach.

Wn i ddim faint a ddysgodd aelodau'r Dosbarth wrth ymdrin â'r syniadau hyn, ond cefais i'n bersonol lawer iawn o gymorth oddi wrthynt hwy, a rhoesant gyfle imi leisio fy anesmwythyd, yn ogystal â'm helpu i gael ffordd allan o ambell gors. Bu'r oriau o drafod, dadlau (ffyrnig ar brydiau!), a chyfnewid gwybodaeth a syniadau yn fuddiol dros ben, ac yn gymorth i grynhoi'r deunydd ar gyfer y gyfrol hon. Mawr yw fy nyled iddynt am eu cwmnïaeth a'u cyfraniadau ar y prynhawniau Gwener hynny dros y blynyddoedd.

Hoffwn ddiolch hefyd i'r canlynol am roi yn hael o'u hamser yn bwrw golwg dros wahanol rannau o'r gwaith hwn, gan sicrhau nad oedd cyw o ddiwinydd, wrth grwydro y tu allan i'w faes ei hun, yn mynd ar gyfeiliorn yn llwyr! Diolch, felly, i'r Dr. Dafydd Wynn Parry a'r Athro Deri Tomos o Brifysgol Cymru, Bangor am eu sylwadau ar y pynciau gwyddonol, ac am lu o awgrymiadau gwerthfawr. Yr un diolch i'm brawd, Emyr Tudwal Jones, o Brifysgol Cymru, Aberystwyth am ei arweiniad gydag athronwyr astrus Ffrainc. Yn olaf, diolch i staff Gwasg Pantycelyn am eu gwaith graenus yn argraffu'r gyfrol hon. Cefais lawer o gymorth oddi wrth y Rheolwraig, Mrs. June Jones, ynghyd â'r Golygydd, Mr. Maldwyn Thomas, wrth lywio'r gwaith trwy'r Wasg. Hoffwn gydnabod fy nyled hefyd i Fwrdd y Ddarlith Davies am eu caniatâd i gyhoeddi'r Ddarlith ar y ffurf estynedig hon, ac i Gyngor Llyfrau Cymru am bob cymorth, ynghyd â grant tuag at ei chyhoeddi. Derbyniais lawer o awgrymiadau gwerthfawr ynglŷn â'r sgript oddi wrth y Prifathro John Tudno Williams, a bu fy mhriod, Delyth, yn gymorth mawr wrth ddarllen y proflenni.

I'm tyb i, pethau sy'n darnio bywyd ac yn dwyn ystyr oddi arno yw ôl-Foderniaeth a gwyddoniaeth leihaol (*reductionist*) fel ei gilydd. Dwy ganrif yn ôl gallai'r athronydd Immanuel Kant ryfeddu at ddau beth oedd yn cynnig golwg sicr iddo ar Dduw: y nefoedd faith uwchben a'r ddeddf foesol oddi mewn. Pan yw'r ddau beth hynny dan fygythiad, sut y mae gwneud synnwyr o'n cred wedyn? Yn aml fe'n cawn ein hunain fel y Brenin Caniwt o chwith, yn ceisio cadw'r môr rhag cilio'n llwyr.

Thema nofel ddiweddar o waith John Updike, *In the Beauty of the Lilies*, yw colli ffydd, a'r effaith bellgyrhaeddol y mae hynny'n ei chael nid yn unig ar unigolyn a'i deulu, ond hefyd ar fywyd cymdeithas a chenedl. Yn y nofel mae'n olrhain hynt a hanes teulu yn America dros gyfnod o bedair cenhedlaeth, gan ddechrau gyda'r Parchedig Clarence Arthur Wilmot, gweinidog gyda'r eglwys Bresbyteraidd yn New Jersey. Am ddau o'r gloch ar brynhawn Llun poeth o wanwyn yn 1910, teimlodd ronynnau olaf ei ffydd yn ymadael ag ef. 'Nid oes un Duw', meddai wrtho'i hun. Trodd ei fydysawd yn anobeithiol o ddu. Roedd wedi meddwl ei fod yn bregethwr o argyhoeddiad, ond yn awr teimlai nad oedd ronyn gwell na swynwr, yn rhy lwfr i wynebu ffeithiau natur. Er i Paul gredu ei fod wedi goresgyn tramgwydd y ffydd, meddai wrtho'i hun, mewn gwirionedd 'chafodd y *skandalon* mo'i symud ar draws y canrifoedd. Pa werth oedd i'r holl destunau, yr esboniadau a'r ymraniadau? Mewn gair – dim. Canlyniad y dadrithiad hwn yw bod y ddwy genhedlaeth a ddilynodd Clarence yn troi at gysuron materol ac yn bodloni ar fywyd seliwloid, ffug y sgrîn fawr, nes bod y bedwaredd genhedlaeth yn chwilio eto am sylwedd ysbrydol ac yn ei gael mewn cwlt. Dyna'r olwyn wedi troi trwy gylch cyfan, ac y mae hynny'n ddisgrifiad digon teg o'n cyflwr presennol. Yn erbyn cefndir meddwl fel yna, sut fedrwn ni barhau i amddiffyn y ffydd heb ei glastwreiddio? Sut y mae dal i gredu?

Ymgais i wynebu rhai o'r cwestiynau hyn yw'r gyfrol hon.

1

YR EFENGYL A DIWYLLIANT CYFOES

Byddwn yn ymdrin yn y gyfrol hon â'r her sy'n ein hwynebu fel Cristnogion wrth i'n ffydd ddod wyneb yn wyneb â'r meddwl gwyddonol ar y naill law, ac â'r diwylliant cyfoes ar y llaw arall. Cyn belled ag y mae gwyddoniaeth yn y cwestiwn, gwelwn heddiw rai o'n credoau mwyaf sylfaenol dan warchae wrth iddynt ddod i wrthdrawiad â phynciau llosg ein dydd ym maes meddygaeth a moeseg, geneteg a chosmoleg ar ddiwedd yr ugeinfed ganrif ac ar drothwy'r Mileniwm. Sut y mae amddiffyn y ffydd wrth inni weld llu o syniadau newydd yn ymwneud â chychwyniad y ddynoliaeth ac ystyr bod yn ddynol yn cael eu poblogeiddio ar y cyfryngau torfol? Caiff y syniadau hyn eu portreadu'n aml mewn ffordd sy'n elyniaethus i'r gred Gristnogol ac yn fwriadol ymosodol ar y safbwynt Cristnogol, nes creu yn y meddwl cyfoes adwaith sy'n wrthnysig a bygythiol i'r gred honno, ac yn ddilornus ohoni. Gan amlaf mae'r fath awyrgylch dadleugar yn gwbl ddi-alw-amdano, gan nad oes raid i grefydd a gwyddoniaeth fod wedi eu polareiddio i'r un graddau ag yr oeddent, dyweder, yn yr unfed neu'r ail ganrif ar bymtheg. Cawn ddod yn ôl at y cwestiynau hyn eto.

I ddechrau, gadewch inni geisio diffinio'r hyn a olygir pan fyddwn yn sôn am ddiwylliant cyfoes. Daw'r gair Cymraeg "diwylliant" yn wreiddiol o "di-wylltio", hynny yw yr hyn sy'n ein dofi ac yn gwareiddio'n bywyd. Gwyddom, er enghraifft, beth sy'n perthyn i'r diwylliant Cymraeg neu Gymreig a beth yw'r pethau sy'n ein gosod ar wahân fel cenedl. Ond beth a olygir wrth "ddiwylliant cyfoes"? Gellid cynnig ateb trwy ddweud mai ffordd gyffredin o feddwl ac o edrych ar fywyd yw hyn. Bu'n ffasiynol unwaith astudio dylanwad yr Efengyl ar ddiwylliant, a'r berthynas anorfod sydd rhwng y naill a'r llall. Yr enghraifft glasurol o hyn yn y Gymraeg yw *Crefydd a Diwylliant* D. Miall Edwards, a gyhoeddwyd yn 1934. Yn y gyfrol honno mae Miall Edwards yn tanlinellu pwysigrwydd perthynas iach rhwng y naill a'r llall:

"Y mae crefydd ei hun yn ffurf ar ddiwylliant; ar y llaw arall, y mae pob gwir ddiwylliant yn hanfodol grefyddol."[1]

Rhan o fwriad y gyfrol oedd rhybuddio am y peryglon a all godi ym mywyd cenedl pan fo ysgariad yn digwydd rhwng y ddau. Ar yr un trywydd dywedodd Dr. R. Tudur Jones:

"Mae ffydd yn ei mynegi'i hun mewn diwylliant. Os ffynna diwylliant, cryfheir ffydd. Os chwelir diwylliant, tanseilir ffydd. Ac o 1890 ymlaen, fe welwn sylweddoli'r peryglon hyn fwyfwy ym mywyd Cymru." — *Gyda dadrithiad enfawr 1914-18*

Ond yr hyn fydd gennym mewn golwg yn bennaf yma fydd dylanwad y diwylliant cyfoes holl-bresennol ar ein deelltwriaeth o'r Efengyl Gristnogol, ynghyd â'r modd yr ydym yn cyflwyno'r Efengyl heddiw o fewn y diwylliant hwnnw.

Ifan Prithett
y gŵr o Baradwys

Diffinio'r Broblem

Un diwinydd a wnaeth lawer i godi'n hymwybyddiaeth ynghylch problem ffydd a diwylliant oedd **Lesslie Newbigin**.[2] Gweinidog gyda'r Eglwys Ddiwygiedig Unedig ydoedd, a bu'n Esgob yn Eglwys Unedig De India cyn iddo symud yn ôl i Loegr i weinidogaethu. Fel cenhadwr Cristnogol yn India bu'n rhaid iddo ymgodymu â'r cwestiwn: "Sut y mae cyflwyno'r Efengyl Gristnogol o fewn diwylliant sydd mor wahanol i eiddo'r gorllewin?" Afraid dweud bod yr Efengyl Gristnogol wedi casglu llu o bethau o'i chwmpas yng ngwledydd y gorllewin o'r naill genhedlaeth i'r llall, a llawer o'r rheini'n bethau allanol, megis arferion yn ymwneud â chadwraeth y Saboth, corff o emynau a thonau sy'n arbennig i ni, patrymau addoli, ac yn y blaen. Yn wyneb hynny rhaid inni fod yn ofalus ein bod yn dad-bacio'r

Organydd ddim yn plesio

Canu yn llusgo
Set ni yn y Capel
R.O Jones — Gweinidos ddim yn y mwelsl yn gyweh

12

Efengyl cyn ceisio'i chyflwyno i bobl sydd o gefndir gwahanol i ni. Yn ystod ein cyfnod ni cafodd cenhadon o'r gorllewin a fu'n gweithio mewn gwahanol rannau o'r byd eu beirniadu'n hallt am iddynt beidio â sylweddoli hyn.

Hwyliodd Newbigin a'i briod i India gyntaf yn 1936, pan oedd llawer o'r hen ddelwedd imperialaidd yn parhau. Doedd cwestiwn croesi ffiniau diwylliannol ddim yn un annisgwyl iddo, felly, wrth gychwyn allan i India. Ond yn ôl ei dystiolaeth ei hun, doedd y broblem honno'n ddim o'i chymharu â'r problemau a'i hwynebodd wrth ddychwelyd o India a cheisio ymgymryd â gwaith Gweinidog yng nghanoldir Lloegr o 1974 ymlaen. Teimlodd yn fuan fod yr hinsawdd grefyddol wedi newid, a'i bod bellach yn gwbl anghydnaws â gwaith yr Efengyl. Maes o law aeth yn Fugail ar gynulleidfa fechan ddinesig yn Handsworth yn ardal Mary Hill, ond ar lafar gwlad cyfeirid at yr ardal honno fel "Merry Hell"! Gwelodd yno fod dyheadau pobl wedi newid wrth i'w bywydau a'u gwerthoedd droi'n gwbl seciwlar a materol. Sut y gallai gyflwyno'r Efengyl o fewn cyd-destun mor ddieithr ac anghyd-naws? P'le'r oedd dechrau pontio'r agendor? Teimlodd fod y gwaith yn Lloegr y saith-degau yn galetach na dim a gafodd yn India y tri-degau, a bod gwledydd Prydain wedi mynd yn fwy dieithr iddo hyd yn oed nag oedd India pan fentrodd yno gyntaf. Wrth gyfeirio at rai o'i brofiadau mae'n defnyddio'r ymadrodd "cold contempt" i ddisgrifio agwedd pobl wyneb yn wyneb â'r Efengyl. Wrth geisio mynd i'r afael â'r broblem ganolog hon y gwnaeth Newbigin ei gyfraniad pennaf fel efengylydd a meddyliwr cyfoes.

Dyma'r cwestiwn sylfaenol yr ydym oll yn ei wynebu heddiw, a'n man cychwyn yw cydnabod bod pob cyfnod a diwylliant yn dehongli ac yn diogelu'r gwirioneddau tragwyddol yn ei iaith ei hun ac o fewn ei fframwaith meddwl ei hun. Cyfraniad arbennig Newbigin yw peri inni sylweddoli bod y dasg o drosglwyddo'r Efengyl i ganol ein bywyd cyfoes lawn mor anodd ag ydoedd ei chludo i India neu i unrhyw wlad arall flynyddoedd lawer yn ôl. Mae'n ceisio ddiffinio'r gwahaniaeth rhwng y diwylliant Cristnogol traddodiadol a'r diwylliant presennol, di-dduw, ac yn ceisio ymateb i hynny yn nhermau sefyllfa genhadol. Unwaith, bu'n rhaid iddo fynd at bobl newydd, ddieithr a dysgu eu hiaith a cheisio deall eu cefndir. 'Dyw tasg y cyfathrebwr Cristnogol yn y gorllewin heddiw ddim llai na hynny, meddai, a chawn ddod yn ôl at hyn nes ymlaen.

Mae'n cyfaddef iddo fod yn naïf pan ddychwelodd i Brydain o India yn 1974. Ar y dechrau teimlai fod yna wacter wedi'i adael, lle gynt roedd dylanwad y diwylliant Cristnogol wedi bod mor gryf. Ond na, meddai wedyn. Sut y gallai fod gwacter? Mae'n dwyn i gof un o ddamhegion Iesu Grist:

"Pan fydd ysbryd aflan yn mynd allan o ddyn, bydd yn rhodio trwy fannau sychion gan geisio gorffwysfa, ac nid yw yn ei gael. Yna y mae'n dweud, 'Mi ddychwelaf i'm cartref, y lle y deuthum ohono.' Wedi cyrraedd, y mae'n ei gael yn wag, wedi ei ysgubo a'i osod mewn trefn. Yna y mae'n mynd ac yn cymryd gydag ef saith ysbryd arall mwy drygionus nag ef ei hun; y maent yn dod i mewn ac yn ymgartrefu yno; ac y mae cyflwr olaf y dyn hwnnw yn waeth na'r cyntaf. Felly y bydd i'r genhedlaeth ddrwg hon" (Mathew 12:43-45).

Nid yw gwacter yn parhau i fod yn wacter, ac yn yr un modd nid oes y fath beth â diwylliant niwtral. Os yw dylanwad yr Efengyl wedi lleihau, a'i gafael wedi llacio, yna rhaid bod rhywbeth arall wedi dod i gymryd ei le. Fe ddilyn felly nad cymdeithas niwtral sydd gennym o'n cwmpas ond cymdeithas baganaidd. Prif nodwedd y baganiaeth honno yw trachwant:

"The capitalist system is powered by the unremitting stimulation of covetousness . . . Increased production is an end in itself."[3]

Ar hyd llinellau tebyg, dywedwyd unwaith: pan fydd dyn yn peidio â chredu yn Nuw yna bydd yn credu nid mewn dim ond mewn unrhyw beth.

Trown yn awr at ddiwinydd arall sydd wedi cyfrannu'n helaeth at y drafodaeth hon, sef **Hugh Montefiore**. Cafodd ei fagu'n Iddew ond troes at y ffydd Gristnogol, a hyd at ei ymddeoliad bu'n Esgob Anglicanaidd Birmingham. Yn ei Ragymadrodd i'r gyfrol gyfoethog *The Gospel and Contemporary Culture*, a gyhoeddwyd yn 1992 o dan ei olygyddiaeth, fe ddywed Montefiore fel hyn:

"If the underlying assumptions and attitudes [of a culture] are not 'Gospel-friendly', the Gospel in that country will not prosper. Here lies the chief reason for the relative failure of our Christian mission." [4]

Y cwestiwn yw, sut yr ydym i ymateb? I ddechrau, meddai, rhaid inni fod yn onest:

"There are many aspects of our culture which most of us greatly value. For all that is said against the Enlightenment we prefer to live at the end of the twentieth century rather than during the fourteenth century, when superstition, dirt and poverty were prevalent, when a high proportion of the population was being killed off through ignorance about plague, and when the Church's authority was unchallenged and matters of ethics and belief were directed from the centre." [5]

O gofio, felly, mai ar ddiwedd yr ugeinfed ganrif yr ydym yn byw, ac yn mwynhau yr holl fanteision sydd ymhlyg yn hynny ar gyfer ein bywydau ar bob lefel, mae'n ddyletswydd arnom geisio dwyn yr Efengyl i ganol ein byd cyfoes, a derbyn y sefyllfa fel y mae.

Yn 1993 cyhoeddodd Montefiore gyfrol newydd, ei waith ei hun y tro hwn, sef *Credible Christianity – The Gospel in Contemporary Culture*.[6] Ei nod yw dehongli'r traddodiad Cristnogol yng ngoleuni'r ddeallltwriaeth fodern o fywyd, heb osod y pethau hanfodol o'r neilltu:

"All writing is conditioned by the culture in which its author has lived . . . Different cultures produce different climates of thought as well as different insights into truth and different symbolic imagery. The criterion by which a statement of belief should be judged is not only its adequacy to the authentic Gospel but also its adequacy for the culture in which it is produced."[7]

Mewn gair, ein tasg bennaf yw hidlo'r hyn a roddwyd inni er mwyn gwahanu'r hyn sy'n dragwyddol oddi wrth y pethau sydd dros dro.

Gosododd James Humphreys ei fys ar natur y cyfyng-gyngor hwn yn ei gyfrol fach werthfawr *Yr Argyfwng Cred*, a gyhoeddodd dros ugain mlynedd yn ôl yn 1976[8]:

"Mae'r sefyllfa hon yn debyg i'r un a ddisgrifir gan y Salmydd pan ddywaid, 'Yr ynfyd a ddywaid yn ei galon, Nid oes un Duw' (Salmau 14 a 53). Wrth 'yr ynfyd' fe olyga un sy'n gweithredu gan gredu y gall yn ddiogel adael Duw allan o'r cyfrif. Nid athronydd a astudiodd yn ofalus y seiliau dros gredu yn Nuw, a dod i'r casgliad, yn groes i'w ddymuniad, nad oes yr un Duw, mohono. Nid anffyddiwr o anghenraid mohono o gwbl. Na! y mae ei ffolineb i'w gael yn hyn, fod i lawr yn nyfnder ei fod, yn ei galon, yn y rhan honno o'i natur lle genir ein cymhellion a'n bwriadau, yr argyhoeddiad sefydlog nad yw crefydd o bwys, ac y gellir yn ddiogel adael Duw o'r neilltu a'i osgoi. Ac yn ein sefyllfa bresennol, dyna osgo'r mwyafrif heddiw."[9]

Yn wyneb yr her hon, mae'n awgrymu'r ffordd briodol inni geisio symud ymlaen:

"Neges hyn i gyd, i ni grefyddwyr heddiw, yw ein bod, tra'n pwysleisio o hyd bwysigrwydd addoli, i fynd allan i ganol y gymdeithas seciwlar gyfoes gan brofi ein ffydd yn Nuw yno. Wrth wneuthur hynny, gelwir arnom i groesawu popeth sydd o werth ynddi ac i ymwrthod â'r hyn sy'n ddiraddiol ynddi gan gadw golwg o hyd ar ddiben mawr Duw i'n bywyd."[10]

O bosibl fod James Humphreys yn nes ati yn hyn o beth na Montefiore. Sonia Montefiore am "root paradigms" diwylliant, ac wrth hynny fe olyga'r swm o gredoau a gwerthoedd sy'n cael eu rhannu gan aelodau cymuned arbennig. I lawr yn y fan honno, yn y teithi meddwl sy'n gyffredin i ddiwylliant y gorllewin heddiw, y gwêl ef y newid sylfaenol sydd wedi digwydd. Dyna sy'n peri nad ~~Grwyddoldeb~~ yw'r diwylliant hwnnw mwyach yn "Gospel-friendly". Rhaid ~~Pabyddol~~ cytuno ag ef fod newid o'r fath wedi digwydd, a bod y broses yn ~~y Oeau~~ cyflymu heddiw. Er enghraifft, mae yna "Seremonïau" seciwlar wedi eu llunio bellach i gymryd lle pob un o'r defodau crefyddol megis bedyddio, priodi a chladdu, a'r galw amdanynt yn cynyddu mwyfwy. Ar y llaw arall, i Humphreys y broblem yn y bôn yw difrawder, ac ar un ystyr y mae'n fwy anodd mynd i'r afael â hynny.

16

Diwylliant yr Ifanc

Mae'r anawsterau sydd wedi eu nodi uchod i'w teimlo'n arbennig o ddwys pan ystyriwn y berthynas rhwng yr eglwysi traddodiadol a phobl ifanc, ac felly cyn cloi'r ymdriniaeth hon ar ddiwylliant cyfoes rhaid ystyried beth a olygir yn benodol wrth ddiwylliant yr ifanc, a'i oblygiadau i'r ffydd.

Dywedodd yr Archesgob Derek Warlock unwaith (sef Archesgob Pabyddol Lerpwl hyd ei farw yn 1996): "Culture is what happens around here". I raddau helaeth rydym i gyd yn cael ein ffurfio gan y dylanwadau sydd o'n hamgylch. Beth, felly, yw'r dylanwadau arbennig sydd ar fywydau'r ifanc heddiw? Beth yw nodweddion unigryw eu ffordd nhw o feddwl ac o ymateb i bethau, a bwrw y bydd unrhyw un sydd, dyweder, rhwng 18 a 30 oed heddiw wedi tyfu i fyny yn erbyn y math o gefndir sy'n cael ei ddisgrifio isod?

Yn un peth bydd person ifanc o'r fath wedi tyfu i fyny mewn oes sy'n prysur gefnu ar yr hen ganllawiau o ran ymddygiad moesol a rhywiol, ac wedi dod i gredu nad oes bellach y fath bethau â safonau gwrthrychol, absoliwt y mae'n rhaid glynu atynt. Beth bynnag sy'n dderbyniol yng ngolwg yr unigolyn sy'n "iawn", ac ni fydd hynny o angenrheidrwydd yn golygu'r un peth o'r naill berson i'r llall. Gan mai perthnasol yw popeth, ni ellir sôn am yr hyn sy'n "wir", dim ond am yr hyn sy'n "ystyrlon i mi". Ni ddylid beirniadu neb, yn ôl y ffordd hon o feddwl, na chondemnio ffordd o fyw rhywun arall: mae pob un yn ymddwyn nid yn ôl syniad gwrthrychol am yr hyn sy'n "gywir" neu'n "anghywir", ond yn ôl y synnwyr gwerthoedd y mae ef neu hi ei hun wedi ei fabwysiadu.

At hyn, mae cymaint o leisiau o'n cwmpas yn hybu pleser a difyrrwch a gwerth profiad y foment. Yn wir, rhaid i bopeth ddifyrru, neu bydd yn "ddiflas", yn *boring*. Mae'r delweddau a'r hysbysebion a welir ar y teledu'n sydyn ac yn slic, a hynny er mwyn pwysleisio'r union neges nad yw dim yn barhaol. Ambell dro fe welir bod yr hysbysebion hynny wedi dwyn mantell crefydd gynt, gan fenthyg ei syniadaeth a'i geirfa (weithiau mewn modd digon di-chwaeth). Er enghraifft, mae dyn yn cael ei gymell i ddefnyddio "Eternity" (sylwer ar yr enw) nid er mwyn arogleuo'n well, ond er mwyn byw ei fywyd ar lefel fwy cyflawn. Bydd gyrru car Peugeot yn cynnig mwy na modd i gyrraedd o un lle i'r llall: "It's the drive of your life" (yr amwysedd yn fwriadol). Nid glanhau'n dannedd a wna Colgate mwyach, ond peri inni serennu. A beth yw hapusrwydd? "A cigar called Hamlet". Hynny yw, nid sôn am rinweddau ymarferol eu nwyddau y mae hysbysebion o'r fath mwyach, ond am gynnig ansawdd newydd, uwch i fywyd. Mae hysbysebion yno i'n rhybuddio y bydd pawb arall â gwell cyrff, gwell dillad, gwell rhyw, a bywydau hapusach na ni os nad ydym yn ofalus. Unwaith, roedd Cristnogaeth yn dysgu pobl na all gwir ddedwyddwch fod o'r byd hwn. Yn awr, mae'r delweddau cyfoes yn ein perswadio fel arall, mai'n dewisiadau personol a phrynu'r pethau iawn sy'n dwyn hapusrwydd inni. O fewn y cyd-destun newydd y presennol yw'r cwbl: 'dyw ddoe nac yfory'n golygu dim.

Erys y cwestiwn, sut y mae ymateb i hyn? Fel Cristnogion rydym yn ceisio byw yng ngoleuni'r fframwaith Gristnogol a Beiblaidd sy'n cynnig canllawiau mor bendant i fywyd. Ond yn erbyn cefndir ein bywyd cyfoes fe'n cawn ein hunain wyneb yn wyneb ag absenoldeb unrhyw werthoedd moesol gwrthrychol. Yn y lle cyntaf, dylem geisio bod yn barod i wrando cyn condemnio. Hyd yn oed ymysg rhai sydd yn honni eu bod wedi ymwadu â phob gwerth parhaol a phob canllaw crefyddol, mae'n syndod faint o ymholi ac o chwilio sydd o hyd. Yn aml mae'r canu poblogaidd cyfoes sy'n swnllyd ac yn aflafar i glustiau rhai hŷn yn llawn cwestiynau a themâu crefyddol, dim ond i rywun graffu ar y geiriau.

O fod yn barod i wrando a cheisio deall, bydd yn haws gwerthfawrogi'r rhinweddau, a deall y safonau sydd yn bwysig yn ôl y meddwl cyfoes, oherwydd mae yna rinweddau amlwg yn perthyn i'r diwylliant arbennig hwn. Yn un peth, o fewn y grŵp ceir teyrngarwch i'r eithaf. Yn sgîl hynny, y pechod mwyaf yw peidio â chydymffurfio â phatrymau byw y diwylliant presennol, ac yn hyn o beth mae pwysau'r grŵp cyfoed yn holl-lywodraethol. Creadur torfol yw'r person ifanc cyfoes! Rydym yn siwr o deimlo hefyd y dylai unplygrwydd ac onestrwydd yr ifanc, yn ogystal â'u hargyhoeddiadau dyngarol cryf, fod yn ddigon i chwalu rhagfarnau llawer o'r genhedlaeth hŷn yn eu cylch.

Y cwestiwn sylfaenol o hyd yw sut y medrwn ni ddechrau

cyflwyno diwylliant ffydd ac addoliad i ddiwylliant sydd, ar yr wyneb beth bynnag, yn meddwl ac yn ymddwyn mor wahanol i ni? I bob golwg nid ydynt yn rhannu ein gwerthoedd ni na'n ffordd ni o feddwl ac o edrych ar bethau. Nid etifeddiaeth gyfoethog i'w thrysori mo'r gorffennol o fewn y diwylliant hwn, ond byd cwbl "arall" i'n byd ni. Nid *ein* gorffennol mohono mwyach, ond *y* gorffennol.[11] Teimlwn yn aml fel Nathan, un o'r ddau hen ddyn yn stori fer Kate Roberts, wrth iddo sylwi ar fab a merch ifanc mewn tafarn:

> "Wrth edrych ar y ddau yma, teimlai fod yna ddarn mawr o fywyd na wyddai ef ddim amdano, a hwn oedd bywyd y mwyafrif heddiw . . . Pawb am yr hylla yn ei chwaeth, yn ei ymddangosiad personol, yn ei iaith a phopeth."[12]

Hawdd, yn wir, fyddai gweld bod delwedd Saunders Lewis yn arbennig o berthnasol yn y cyswllt hwn:

> "Dwy blaned sy'n rhwym i'w cylchau; 'chlywan' nhw mo'i gilydd fyth."[13]

Y Neges a'r Negesydd

Credwn fod gennym egwyddorion pwysig i'w trosglwyddo i'r genhedlaeth sy'n codi, ac yn sicr ni fyddem yn gwneud unrhyw gymwynas â hi trwy beidio â cheisio'u trosglwyddo, - egwyddorion sy'n ymwneud â gwerthoedd moesol a pharch at eraill. Yn aml bydd y rheini'n treiddio drwodd er gwaethaf pob ymddangosiad o wrthryfel. Ond rhaid i ni yn ein tro gydnabod bod yna elfennau yn ein crefyddoldeb sy'n perthyn i fyd amser a'r hyn sydd dros dro. Pan fydd y fflam Olympaidd yn cael ei dwyn o'i hen gartref i'r ddinas lle y cynhelir y chwaraeon nesaf, nid yn unig bydd y rhedwr yn newid o dro i dro, ond bydd y ffagl yn newid hefyd wrth i'r naill redwr gyflwyno'r fflam i'r llall. Rhaid inni gofio mai fflam y ffydd yw'r peth pwysig sydd gennym i'w throsglwyddo, ac yr ydym i wneud hynny trwy gyfrwng gweithredoedd yn ogystal â chredoau, mewn ymarweddiad yn ogystal â geiriau. Nid peth marw yw traddodiad ar ei orau, ond peth byw a deinamig. Ni ddylem geisio

19

gorfodi'r ifanc i gario'n holl fagiau a'n geriach crefyddol ni. Mae cyflwyno Iesu Grist a rhannu ei gariad yn golygu derbyn pobl lle y maent, neu o leiaf dyna'r man cychwyn. Dyna oedd ei ffordd ef o ymwneud â phobl. Derbyn Sacheus fel yr oedd a wnaeth Iesu ar y dechrau, a'i wahodd ei hun i'w dŷ *cyn* i hwnnw gynnig edifarhau am ei anonestrwydd (Luc 19:1-10). Rhoddodd gyfle newydd i wraig a gafodd ei dal mewn godineb *cyn* ei chymell i beidio â gwneud y fath beth eto (Ioan 7:53 - 8:11). Pan oedd yn nhŷ Simon y Pharisead canmolodd y wraig honno am ei gweithred yn ei eneinio er i Simon dynnu sylw at ei phechodau, a oedd yn wybyddus i bawb (Luc 7:36-50). Dyna'r cariad sy'n derbyn y person arall nes ei ennill yn llwyr, a dyna'r esiampl a roddwyd i ni i'w dilyn.

Caiff yr egwyddor hon ei chadarnhau gan ffrwyth sawl ymchwiliad a phôl piniwn cyfoes sy'n tystio i hiraeth pobl, gan gynnwys yr ifanc, am gael lleisio'u cred a darganfod ffordd i fynegi eu dyheadau ysbrydol dyfnaf. Yn wyneb hyn, oni ddaeth yn bryd inni holi a oes yna rywbeth o'i le ar ein dull ni o gyflwyno'r ffydd iddynt? Er enghraifft, cyhoeddwyd ffrwyth un ymchwiliad yn ddiweddar sy'n datgelu bod dros chwe deg y cant o bobl o fewn diwylliant yr ydym ni yn ei ddisgrifio fel un materol, "di-dduw" wedi cael rhyw fath o brofiad ysbrydol, a hwnnw'n ddigon cryf i fod yn ffurfiannol yn eu hanes a'u dewisiadau o hynny ymlaen. Ac eto un o bob deg yn unig sy'n mynychu lle o addoliad yn rheolaidd. Dywedodd un argraffydd yn ddiweddar ei fod yn rhyfeddu at nifer y llyfrau defosiynol y mae ei gwmni'n eu gwerthu, ac er mor boblogaidd yw'r llyfrau sy'n hybu colli pwysau, cadw'n heini ac ati, nid yw'r canllawiau ar weddi ymhell ar ôl! Dyna ryw argoel eto fod yna ddyheadau sy'n ddyfnach na'r hyn y gall pethau materol eu bodloni, a bod yna chwilio am ryw dawelwch a nerth oddi mewn: yr "ocheneidiau y tu hwnt i eiriau" y soniodd Paul amdanynt efallai, neu rywbeth yn agos at ddisgrifiad George Herbert o weddi:

> "God's breath in man returning to his birth,
> The soul in paraphrase, heart in pilgrimage."[14]

Byddai'n fuddiol inni ystyried cefnogi cais y gymuned Iddewig ym Mhrydain sy'n galw am gynnwys cwestiwn ar ffurflen y Cyfrifiad ynglŷn â theyrngarwch crefyddol pobl. Unwaith eto, mae pob ymchwil yn dangos bod a wnelo crefydd pobl llawer â'u lles cyffredinol, ar lefel bersonol a chymdeithasol. Mae rhai hyd yn oed yn barod i ddadlau bod claf yn gwella'n gynt ar ôl gwaeledd os yw'n grefyddwr nag ydyw os yw'n anghrediniwr! Sut bynnag, yn ôl pob tystiolaeth mae diddordeb cryf yn parhau mewn cwestiynau crefyddol, er gwaethaf yr argraff arwynebol a gawn mai seciwlariaeth sydd mewn bri.

Ond rhaid cofio bod y sylwadau hyn yn ymwneud yn bennaf â rhai y tu allan i'r eglwysi traddodiadol. Felly ai ni o fewn yr eglwysi sydd ar ôl? Wrth gwrs fe ellid ymateb trwy ddadlau mai sôn am ryw brofiadau digon annelwig yr oedd y bobl a holwyd, a'u syniad am Dduw yn un pur ddisylwedd. Purion, ac eto onid rhyw bobl fel yna yn chwarae ar ymylon crefydd oedd y rhai y daeth Paul ar eu traws yn ninas Athen? Mewn ffordd gwbl feistrolgar mae'n cychwyn yn y fan lle mae ei gynulleidfa:

"Wŷr Athen, yr wyf yn gweld ar bob llaw eich bod yn dra chrefyddgar." (Actau 17:22).

Ar ôl cydnabod yr hyn y mae wedi ei weld, er mor annelwig ac ofergoelus y mae'n ymddangos yn ei olwg, â Paul rhagddo i osod y sylwedd:

"Yr hyn, ynteu, yr ydych chwi'n ei addoli heb ei adnabod, dyna'r hyn yr wyf fi'n ei gyhoeddi i chwi." (Actau 17: 23).

Mae'n anodd osgoi'r casgliad heddiw mai'r negesyddion sy'n cael anhawster darganfod ffordd i gyflwyno'r neges mewn modd fydd yn dal sylw'r genhedlaeth ifanc, fel y bydd ei goleuni yn disgleirio eto fel llusern yng nghanol caddug ansicrwydd a dryswch y byd cyfoes. Ni ddylem ystyried bod diwylliant yn fygythiad, neu'n ddylanwad sy'n peryglu'r Efengyl trwy ei llygru. Rhaid i'r Efengyl gael ei chorffori o fewn diwylliant, a gall Duw ddefnyddio pob diwylliant wrth i'r neges Gristnogol gael ei haddasu a'i datblygu.

I grynhoi, mae'r neges Gristnogol yn aros yn ddigyfnewid. Y gamp yw dysgu o'r newydd sut y mae cyflwyno'r neges honno neu ei rhannu mewn termau sy'n ddealladwy heddiw. Byddai parodrwydd i wynebu'r broblem honno, er mor anodd y dasg, yn gymorth inni ateb y cwestiwn sydd ar flaen ein meddwl y dyddiau

21

hyn, sef: "Pwy fydd yma i gario'r Efengyl i'r ganrif nesaf?"
Wrth inni ddynesu at y ganrif nesaf, trown yn awr at gwestiwn
ychydig ehangach na hynny: sut y dylanwadodd syniadau am y
Mileniwm ar y meddwl crefyddol yn y dyddiau a fu, a beth yw eu
pwysigrwydd i ni ar drothwy'r trydydd Mileniwm Cristnogol?

NODIADAU

1. D. Miall Edwards, *Crefydd a Diwylliant*, Wrecsam, 1934, t.19.
2. Ceir ymdriniaeth lawn ar weithiau Newbigin yn *Diwinyddiaeth*, XLIV, 1993, tt.16-32.
3. Lesslie Newbigin, *Foolishness to the Greeks*, London, 1986. t.30.
4. Hugh Montefiore, *The Gospel and Contemporary Culture*, London, 1992, t.4.
5. *Ibid.*, tt.4-5.
6. Hugh Montefiore, *Credible Christianity – The Gospel in Contemporary Culture*, London, 1993.
7. *Ibid.*, t.2.
8. James Humphreys, *Yr Argyfwng Cred*, Abertawe, 1976.
9. *Ibid.*, t.15.
10. *Ibid.*, t.63.
11. Nicholas Lash, *Theology on Dover Beach*, London, 1979, t.40
12. Kate Roberts, "Dau hen Ddyn", *Prynu Dol*, Dinbych, 1969, t.113.
13. Saunders Lewis, *Siwan*, Llandybïe, 1956, t.83.
14. George Herbert, "The Church: Prayer I", *The Temple: Sacred Poems and Private Ejaculations*, London, 1633.

2

MIL O FLYNYDDOEDD

"The people who tell us that a century is merely an arbitrary division of time are poor observers".
(Golygydd cylchgrawn yn Llundain yn 1901)

Beth a wnawn ni, tybed, pan fydd y flwyddyn dyngedfennol honno, 2000, wedi cyrraedd? Mae pawb yn gwybod, wrth gwrs, nad yw'r Mileniwm newydd yn dechrau tan y flwyddyn 2001. Ar Denis Fychan, neu Denis y Byr, y mae'r bai am yr holl ddryswch. Mynach o'r chweched ganrif oedd Denis – neu Dionysius Exiguus, a rhoi iddo'i enw parchus. Cafodd orchymyn i baratoi cronoleg newydd ar gyfer y Pab Ioan I. Gwnaeth hynny, gan geisio cadw cydbwysedd gofalus rhwng gofynion crefyddol a rhai seciwlar. Yn anffodus, gwnaeth sawl camgymeriad wrth geisio cysoni'r calendr Rhufeinig traddodiadol â'i galendr Cristnogol newydd ei hun. Ei gamgymeriad mwyaf oedd dechrau'r cyfnod Cristnogol ar Ionawr 1, 754 (yn ôl cyfrif y Rhufeiniaid) ac ail alw'r flwyddyn honno'n '1 Oed Crist'. Dylai fod wedi ei galw'n flwyddyn '0', a byddai popeth wedi bod yn iawn wedyn. Gan iddo fethu â gwneud hynny, mae'r dryswch wedi ei ail adrodd ar ddechrau pob canrif byth oddi ar hynny. Y rheswm yw bod yn rhaid i bob degawd gynnwys deng mlynedd, ac felly os dechreuwn gydag 1, rhaid i'r flwyddyn 10 berthyn i'r degawd cyntaf. Caiff y broblem ei hail adrodd gyda phob canrif a mileniwm. Rhaid i'r flwyddyn 100 berthyn i'r ganrif gyntaf, a 1000 i'r Mileniwm cyntaf, ac nid yw'r broblem byth am ddiflannu. Yn yr un modd mae babi bach yn 0 oed nes iddo gyrraedd ei benblwydd cyntaf: felly y dylai fod gydag "Oed Crist".

Petai wedi dechrau gyda 0, byddai degawd yn gorffen gyda 9, canrif gyda 99, a Mileniwm gyda 999. Denis bach!

Sut bynnag, bu'r flwyddyn 2000 yn fachyn hwylus iawn i fyd masnach hongian ei gynnyrch diweddaraf arno ers blynyddoedd. Faint o'r taclau rydym yn eu defnyddio o amgylch y tŷ, er enghraifft, sydd â'u henwau'n cynnwys y rhif lledrithiol hwnnw? Tybed faint ohonom sy'n cynhesu'r tŷ â Technogas 2000, yn ei lanhau â Vax 2000, neu'n golchi'n dillad â Bosch 2000? Ers dros ugain mlynedd mae gwneuthurwyr ein ceir wedi defnyddio'r bachyn er mwyn hybu eu gwerthiant: nid yw'r rhif 2000 ar ôl enw'r model yn warant o gryfder yr injian o gwbl – dim ond bod 2000 yn swnio'n well na 1750, dyweder! Mae'r rhestr yn ddiddiwedd: gallwn ysgrifennu â Papermate 2000, cadw'n croen yn llyfn â Grecian 2000, teithio ar Airfreight 2000, a hyfforddi nyrsus o dan Brosiect 2000! Mae un ymchwilydd wedi olrhain y duedd fasnachol hon yn ôl i 1950.[1]

Fel Cristnogion, mae lle inni ofni bod y Mileniwm, fel y Nadolig, wedi cael ei herwgipio'n llwyr. Wedi'r cwbl, dathliad crefyddol a Christnogol ydyw yn ei hanfod, nid un masnachol. Cofio bod dwy fil o flynyddoedd ers i Grist rodio'r ddaear a wnawn. Gosododd Emyr Roberts y peth yn ei ffordd ddihafal ei hun rai blynyddoedd yn ôl:

"Fe ddywed eich papur hynny wrthych yn gyntaf peth bob dydd. Beth bynnag fo'r newyddion eraill, y newyddion cyntaf oll ar ben y tudalen flaen bob bore yw faint o amser sydd ers pan ddaeth Crist yma."[2]

Yn ôl pob argoel bydd llawer o'r dathlu a'r gwledda nid yn unig yn seciwlar ei natur, ond weithiau'n ymylu ar y paganaidd. Eisoes mae crefyddau'r Oes Newydd yn eu paratoi eu hunain ar gyfer y dyddiad mawr, gan droi at eu crisialau a'u gwahanol gerrig, eu cardiau tarot ac yn y blaen, i ddarllen rhyfeddodau ynddynt. Cyfeiriant at drychinebau naturiol ac argyfyngau ecolegol er mwyn codi'r disgwyliadau. Bydd y partïon gorau ar nos Galan 1999 yn digwydd o amgylch y llinell dyddiad ryngwladol er mwyn i'r rhai fydd yno gael bod y cyntaf i weld y wawr ryfeddol yn torri. Ers tro mae yna gwmnïau sy'n cystadlu â'i gilydd i rentu'r lle gorau i ddal pelydryn cyntaf y flwyddyn newydd honno. Bydd yno grwpiau'n perfformio a chamerâu teledu'n ffilmio'r eiliadau cyntaf, i'w hanfarwoli. I fod yn rhan o'r dathlu mawr, bydd yn rhaid archebu'ch lle yn un o'r mannau hyn yn y Môr Tawel o amgylch Seland Newydd: un o ynysoedd Chatham, ynys Tonga – cymerwch eich dewis! Neu, er mwyn sicrhau bod blas Cristnogol ar y dathlu, fe allwch fynd i barti'r Pab sydd i'w gynnal yn Rhufain, ac y mae wedi gwahodd arweinwyr yr holl eglwysi Cristnogol yno.

Er yr holl gynnwrf, digon araf a di-fflach fu'r eglwysi yn cydio yn y weledigaeth wrth weld eu canrif fawr yn agosáu. Yma yng Nghymru mae'n anodd credu, er enghraifft, fod calon y gwahanol enwadau yn y "degawd efengylu". Bu'n fachyn digon cyfleus i hongian ambell lyfr a phrosiect wrtho, ond ychydig o efengylu brwd a welir yn digwydd o'n cwmpas. Trwy wledydd Prydain mae yna nifer o brosiectau o bwys ar y gweill, a bydd nifer o gyfeiriadau at y Mileniwm i'w gweld, siwr o fod, yn themâu'r gwahanol gynadleddau enwadol dros yr ychydig flynyddoedd nesaf, ond faint o argraff a gaiff ei chreu ar drwch y boblogaeth mai dathliad Cristnogol yw hwn yn y bôn? Peth arall sy'n ychwanegu at yr ymdeimlad o seciwlareiddio cynyddol yw'r duedd mewn llawer o gyhoeddiadau diweddar i newid y cyfeiriad at "Oed Crist" wrth nodi dyddiad a gosod yn ei le y "Cyfnod Cyffredin" (C.E. = Common Era).

Ar y llaw arall, efallai nad oes gennym le i fod yn rhy uchel ein cloch. Yn ystod dwy fil o flynyddoedd digwyddodd pethau erchyll iawn yn enw'r eglwys Gristnogol, ac nid yw yn hanes y medrwn bob amser ymfalchïo ynddo. O'r cyfnod cynnar a'r "troedigaethau" gorfodol o flaen y cleddyf, a'r bedyddiadau torfol â pheipen ddŵr, ymlaen trwy flynyddoedd y Croesgadau a'r Chwilys, heb anghofio gwrth-Iddewiaeth eithafol rhai o'r arweinwyr Cristnogol mwyaf goleuedig, mae tudalennau hanes yn frith o enghreifftiau o'r creulondeb mwyaf ffiaidd yn enw'r Ffydd. Byddai edifeirwch yn osgo fwy priodol. Os yw'n wir nad ydym yn byw mewn oes aur heddiw cyn belled ag y mae'r ffydd Gristnogol yn y cwestiwn, yn sicr nid ydym wedi dod o oes felly chwaith. Yn ngeiriau Henry Scott Holland, pan ofynnwyd iddo yn 1914 ble'r oedd yr eglwys yn sefyll ar ryw fater, atebodd:

"It does not stand at all, but moves and pushes and slides and staggers and falls and gets up again, and stumbles on and presses forward and falls into the right position after all."[3]

Y parhad rhyfeddol, onid unigryw, hwnnw fydd yn rhoi achos inni ddathlu.

Pan ddaw'r Flwyddyn Fawr mae'n bosibl y bydd yn dipyn o siom y tu allan i'r traddodiad Cristnogol yn ogystal ag oddi mewn iddo. Mae'n anodd gweld rhai o'r prosiectiau y mae Llywodraeth Prydain yn eu hybu er mwyn dathlu'r Mileniwm, megis codi olwyn fawr ar lan y Tafwys a'r gromen ddadleuol honno yn Greenwich, yn tanio'r dychymyg ar drothwy digwyddiad y bu'r fath ddisgwyl amdano ers o leiaf hanner canrif. Yng ngeiriau Arthur C. Clarke yn ei lyfr *The Ghost From the Grand Banks*, a gyhoeddwyd yn 1990, y peth mwyaf arswydus y gallwn ddisgwyl ei weld fydd cyfrifiaduron y banciau a'r cymdeithasau adeiladu, yn ogystal â llu o beiriannau o amgylch ein cartrefi, yn mynd yn wallgof! Yn ôl pob darogan, nid ydynt wedi eu paratoi i ymdopi â'r flwyddyn 00.

Y Mileniwm Cyntaf

Sut oedd pobl mil o flynyddoedd o'n blaenau ni'n edrych ar bethau wrth weld y flwyddyn 1000 yn agosáu? Y gwir yw ei bod yn nodedig o anodd penderfynu sut yn union yr oedd pobl yn ymagweddu ar y pryd. Mae'n dibynnu a ydym yn perthyn i'r ysgol o feddwl sy'n derbyn y darlun poblogaidd, sef bod "arwyddion a rhyfeddodau" yn gyffredin iawn yn y cyfnod hwnnw, ynteu i'r ysgol wrth-apocalyptaidd sy'n wfftio at y darlun ac yn ei briodoli i ffansi cyfnod diweddarach o lawer.[4]

A throi at y farn gyntaf i ddechrau. Yn ôl hon, ar draws Ewrop roedd pobl yn ystod y blynyddoedd hynny'n byw dan "Arswyd y Flwyddyn 1000" – neu ryw fath o "Pre-Millennial Tension" fel y cafodd ei ddisgrifio gan awdur diweddarach! Honnir bod disgrifiadau graffig ar gael o ddaeargrynfeydd yn ysgwyd yr holl ddaear ar unwaith, ac o gomedau'n ymddangos yn yr awyr ac yn hongian yno am fisoedd. Yng ngwanwyn y flwyddyn 1000 dywedir bod tanau wedi ymddangos yn y nefoedd ac ar y ddaear, a'r gred gyffredin oedd bod Dydd y Farn ar ddod. Gan fod mil o flynyddoedd wedi mynd heibio ers genedigaeth Crist, roedd yn naturiol tybio bod hanes wedi rhedeg ei gwrs. Yn ôl yr hanesion, roedd miloedd o bobl yn ffoi ar frys o'u cynefin gan adael eu teuluoedd a'u cyfeillion er mwyn bod yn Jerwsalem ar gyfer yr Ail Ddyfodiad. Pa ddiben aros i atgyweirio'ch tŷ neu osod trefn ar eich busnes, a diwedd y byd wrth law? Sonnir am fyddinoedd mawr o bobl yn teithio tua Jerwsalem dan ganu Salmau ac edrych tua'r awyr, gan ddisgwyl ei gweld yn agor unrhyw funud a Mab y Dyn yn disgyn yn ei ogoniant. Gartref, roedd bonedd a gwerin fel ei gilydd yn heidio tua'r eglwysi ar Nos Galan, neu'n ymgasglu o amgylch croesau yn yr awyr agored. Bu cyfoethogion yn rhannu eu golud er mwyn i Grist eu cael mewn cyflwr o ras, a charcharorion yn cael eu rhyddhau. Yn ôl pob sôn, roedd hyd yn oed achosion niferus o hunan-laddiad, cymaint oedd y tensiwn wrth ddisgwyl y Farn Fawr.

Ar un olwg, nid yw'n anodd derbyn y gallai fod rhywfaint o wir yn y darlun hwn. Roedd bywyd y bobl gyffredin mor dlawd, bron na allai rhywun gredu y byddent yn derbyn y darogan am y Farn gyda mesur o gyffro yn ogystal â dychryn. Mae Norman Cohn wedi gwneud astudiaeth fanwl o Filenariaeth chwyldroadol yn yr Oesoedd Canol, ac wrth gyfeirio at ddylanwad rhai o'i harweinwyr mwyaf ffanatigaidd, dywed fel hyn:

> "Typically, messiahs of this kind tend to flourish not amongst the poor and oppressed as such, but amongst the poor and oppressed whose traditional way of life has broken down and who have lost faith in their traditional values. Now, during the Middle Ages certain areas of western Europe experienced just such crises of mass disorientation."[5]

Erbyn diwedd y ddegfed ganrif roedd bywyd yn ansefydlog a phobl yn ymwybodol bod yr hen fyd wedi dod i ben a gwawr yr Oesoedd Canol wedi torri. Mae Cohn yn manylu ar hyn, ac ar y math o bobl ac amgylchiadau a roddodd dir ffrwythlon i syniadau chwyldroadol, yn arbennig erbyn dechrau'r unfed ganrif ar ddeg:

"Journeymen and unskilled workers, peasants without land or with too little land to support them, beggars and vagabonds, the unemployed and those threatened with unemployment, the many who for one reason or another could find no assured and recognised place – such people, living in a state of chronic frustration and anxiety, formed the most impulsive and unstable elements in medieval society. Any disturbing, frightening or exciting event – any kind of revolt or revolution, a summons to a crusade, an interregnum, a plague or famine, anything in fact which disrupted the normal routine of social life – acted on these people with particular sharpness and called forth reactions of peculiar violence. And one way in which they attempted to deal with their common plight was to form a salvationist group under a messianic leader." [6]

Dengys Cohn, felly, ei bod yn hawdd iawn tynnu pobl y byddem ni heddiw'n sôn amdanynt fel rhai "ar gyrion cymdeithas" i ganol y berw hwn, ac i syniadau eithafol gael tir ffrwythlon yn eu mysg. Cofiwn hefyd fel y byddai pobl yn yr Oesoedd Canol cynnar yn gweld llaw Duw ac arwyddion o'i bresenoldeb mewn creiriau, gwyrthiau natur, lleoedd ac amseroedd arbennig. Onid oedd popeth, gan gynnwys y rhaniad mewn amser, yn atgoffa dyn o weithredoedd nerthol Duw er ei iachawdwriaeth? [7]

Tra'n cydnabod y pwyntiau hyn i gyd, mae'r ddadl gryfaf gan yr ysgol wrth-apocalyptaidd gyfoes. Creadigaeth ramantaidd yn perthyn i'r unfed ganrif ar bymtheg oedd yr holl syniad am "Arswyd y Flwyddyn 1000", meddant, a chynnyrch dychymyg ffrwythlon awduron diweddarach yw'r holl adroddiadau am arwyddion goruwchnaturiol. Yn sicr does yna ddim cyfeiriad at y fath bethau mewn dogfennau o'r ddegfed ganrif a'r unfed ar ddeg. I'r gwrthwyneb, mae yna bob tystiolaeth bod pobl yn disgwyl i'r byd fynd yn ei flaen am fil o flynyddoedd eto. Er enghraifft, ceir ewyllysiau o'r cyfnod yn gosod trefn ar bethau am flynyddoedd lawer heibio 1000, a does yna ddim arwydd bod yr arweinwyr gwleidyddol ar draws Ewrop yn disgwyl i'r byd ddod i ben ar fyrder. Er bod dadansoddiad Cohn yn gymorth inni ddeall y meddwl chwyldroadol a'i apêl boblogaidd wrth i'r unfed ganrif ar ddeg fynd rhagddi, rhaid ymwrthod â'r darluniau traddodiadol o "Arswyd y Flwyddyn 1000".

Yn wir, mae haneswyr modern bron yn gytûn yn eu cred y byddai'r dyddiad arbennig hwn wedi mynd heibio'n gwbl ddiddigwyddiad yng ngolwg rhan fwyaf y bobl gyffredin, a hynny am y rheswm syml na fyddent yn gwybod beth oedd y dyddiad. Nid oes sicrwydd bod y dull o gyfrif blynyddoedd yn ôl Oed Crist yn gyffredin ar draws Ewrop ar y pryd. Byddai pobl ddysgedig yn cyfri'r blynyddoedd yn ôl teyrnasiad y brenin, a'r llafurwr cyffredin yn bodloni ar wylio'r tymhorau amaethyddol yn mynd heibio yn eu tro. I hwn, byddai'r flwyddyn 1000 wedi cyrraedd fel pob un arall.

Eschatoleg

Pan edrychwn ar arwyddocâd hanesyddol syniadau am yr Ail Ddyfodiad, a'r gwahanol ymdrechion a wnaed gan Gristnogion ar hyd y canrifoedd i osod dyddiad arno, gwelwn eu bod wedi lliwio'r ddysgeidiaeth Gristnogol i ryw raddau o'r cychwyn. Wrth anfon y deuddeg allan, dywedodd Iesu:

> "Ni fyddwch wedi cwblhau trefi Israel cyn dyfod Mab y Dyn" (Mathew 10:23).

Drachefn, wrth anfon y deuddeg a thrigain (gweler Luc 10: 1-20) mae'n hawdd synhwyro bod elfen o frys yn y neges y mae Iesu am iddynt ei rhannu. Paratoi'r ffordd ar gyfer ei ddyfodiad ef y maent, ac y mae pob rheswm dros gredu eu bod yn disgwyl diwedd hanes o fewn eu hoes eu hunain. Dyna sy'n cyfrif am y nodyn o argyfwng yn eu pregethu.

Roedd Paul yn ei lythyrau cynharaf yn disgwyl y deuai'r Diwedd o fewn ei oes ei hun, ac o fewn oes y rhai oedd yn gwrando arno. Dyna'n sicr ei neges wrth y Thesaloniaid:

> "Ni fyddwn ni, y rhai byw a adewir hyd ddyfodiad yr Arglwydd, yn rhagflaenu dim ar y rhai sydd wedi huno. Oherwydd pan floeddir y gorchymyn, pan fydd yr archangel yn galw ac utgorn Duw yn seinio, bydd yr Arglwydd ei hun yn

disgyn o'r nef; bydd y meirw yng Nghrist yn atgyfodi yn gyntaf, ac yna byddwn ni, y rhai byw a fydd wedi eu gadael, yn cael ein cipio i fyny gyda hwy yn y cymylau, i gyfarfod â'r Arglwydd yn yr awyr" (1 Thesaloniaid 4:15-17).

Wrth i'r amser fynd ymlaen newidiodd Paul ei feddwl, gan sylweddoli bod Duw wedi caniatáu amser cyn yr Ail Ddyfodiad, er mwyn i'r eglwys gyflawni ei chenhadaeth – sef achub y byd. Nid methu yn eu gobaith a wnaeth y Cristnogion cynnar, dim ond yn eu hamseru.

Parhaodd y ddilema hon ym meddwl Cristnogion ar hyd y canrifoedd, gan roi bod i sectau o bob math sydd wedi honni eu bod yn medru proffwydo pa bryd y daw Crist ac y bydd diwedd ar amser. Er enghraifft, dywedodd y Brodyr Apostolaidd y byddai'r byd yn dod i ben yn y flwyddyn 1300, gan adolygu'r dyddiad hwnnw wedyn i 1305! Setlodd y Taboriaid Bohemaidd ar ddyddiad mwy penodol eto, sef rhwng 10 a 14 Chwefror, 1420. Cododd pob math o sectau apocalyptaidd ymhlith yr Ailfedyddwyr ar y cyfandir yn ystod yr unfed ganrif ar bymtheg.

Nid oes angen llawer o ddychymyg i weld y tebygrwydd rhwng y sectau a nodir uchod a rhai diweddarach a berthyn i'n cyfnod ni, megis y "Branch Davidians" yn Waco, Texas, neu Aum Shinrikyo yn Japan, a gafodd gymaint o sylw'n ddiweddar oherwydd canlyniadau dychrynllyd eu proffwydoliaethau. Yn Ne Korea roedd ugain mil o aelodau Cenhadaeth y Dyddiau a Ddaw neu Eglwys y Tami yn barod ar gyfer yr Ail Ddyfodiad ar 28 Hydref, 1992. Er na ddigwyddodd dim, mae miliynau o bobl y wlad honno'n disgwyl y daw'r dydd yn fuan yn awr. Ac, wrth gwrs, gŵyr pawb am y modd y mae Tystion Jehofa ac Adfentyddion y Seithfed Dydd yn cynnig dehongliadau cwbl lythrennol o'r datganiadau apocalyptaidd sydd yn y Beibl, gan eu cymhwyso at ddigwyddiadau cyfoes. Cynyddu'n gyson y mae'r gwahanol gwltiau ar draws ynysoedd Prydain, nid yn unig yn eu nifer ond yn eu heithafrwydd yn ogystal. Nid yw pob cwlt apocalyptaidd yn filenaraidd, wrth gwrs, ond y mae thema'r Milflwyddiant yn codi'n gyson yn nysgeidiaeth llawer o'r rhai mwyaf poblogaidd ar draws y byd heddiw. Ac y mae'r gwrthwyneb hefyd yn wir: nid yw pawb sy'n arddel syniadau milenaraidd yn aelod o gwlt. Un sy'n edrych ymlaen yn fawr at ddyfodiad y flwyddyn 2000 yw'r Pab presennol. Dywedodd lawer gwaith mai hon fydd blwyddyn y Jiwbili Fawr pryd y gwelir datguddiadau rhyfeddol, ac y bydd y rheini maes o law yn arwain at ddyfodiad Crist yn ei ogoniant. Dyna pryd y datguddir yr hyn y mae'n ei alw'n "allwedd" i'w babaeth, ac y mae ei argyhoeddiad yn cynyddu mai dyma'r amser inni baratoi ar gyfer cyfnod o fendith fawr.

Prif ffynonellau'r proffwydoliaethau hyn yw darnau o Lyfr Daniel a Llyfr y Datguddiad. Ar ddiwedd y Datguddiad dywedir:

"Gwelais angel yn disgyn o'r nef, a chanddo yn ei law allwedd y pydew diwaelod a chadwyn fawr. Gafaelodd yn y ddraig, yr hen sarff, sef Diafol a Satan, a rhwymodd hi am fil o flynyddoedd. Bwriodd hi i'r pydew diwaelod, a chloi'r pwll a'i selio arni rhag iddi dwyllo'r cenhedloedd eto, nes i'r mil blynyddoedd ddod i ben; ar ôl hynny, rhaid ei gollwng yn rhydd am ychydig amser.

Gwelais orseddau, ac yn eistedd arnynt y rhai y rhoddwyd iddynt awdurdod i farnu; gwelais hefyd eneidiau'r rhai a ddienyddiwyd ar gyfrif tystiolaeth Iesu ac ar gyfrif gair Duw. Nid oedd y rhain wedi addoli'r bwystfil, na'i ddelw ef, na chwaith wedi derbyn ei nod ar eu talcen nac ar eu llaw. Daethant yn fyw, a theyrnasu gyda Christ am fil o flynyddoedd. Ni ddaeth gweddill y meirw yn fyw nes i'r mil blynyddoedd ddod i ben. Dyma'r atgyfodiad cyntaf. Gwyn ei fyd a sanctaidd y sawl sydd â rhan yn yr atgyfodiad cyntaf; nid oes gan yr ail farwolaeth awdurdod arnynt, ond byddant yn offeiriaid i Dduw a Christ, a theyrnasant gydag ef am y mil blynyddoedd.

Pan ddaw'r mil blynyddoedd i ben, caiff Satan ei ollwng yn rhydd o'i garchar, a daw allan i dwyllo'r cenhedloedd ym mhedwar ban y byd" (Datg. 20:1-8).

Y gwir yw nad oes yna'r un cyfeiriad yn yr Ysgrythurau, yn yr Efengylau na'r Datguddiad – ddim hyd yn oed awgrym – bod yr Ail Ddyfodiad am ddigwydd mil o flynyddoedd (na dwy fil o flynyddoedd o ran hynny) *ar ôl genedigaeth Crist*. Yr hyn a ddywedir yw y bydd y mil blynyddoedd a ddisgrifir yn y Datguddiad, sef cyfnod teyrnasiad y saint, yn dechrau ar *ôl* yr Ail Ddyfodiad, oherwydd bydd Crist wedi dod drachefn *cyn* y mil blynyddoedd hynny. Yn y Beibl, cyfnod o fil o flynyddoedd yw Mileniwm, nid rhaniad ar galendr. Mae ei arwyddocâd yn eschatolegol, a dim byd arall. Caiff dyn ei arwain ar gyfeiliorn pob tro y bydd yn ceisio cysoni calendr Duw â'i galendr ei hun.

Dylai hyn daflu goleuni inni ar feddwl pobl yn y ddegfed ganrif a'r unfed ganrif ar ddeg, oherwydd dyna'n union oedd safbwynt yr Eglwys Gatholig ar y pryd, a chofiwn mai hi oedd yr unig awdurdod ar grefydd yn Ewrop yr adeg honno. Roedd ei dysgeidiaeth wedi ei sylfaenu ar Awstin Sant. Credai ef, er bod teyrnasiad y saint eisoes wedi dechrau ar un ystyr, bod y cyfeiriad yn y Datguddiad at fil o flynyddoedd i'w ddeall mewn ffordd gwbl ffigurol. Ni ddylem synnu felly nad oes gyfeiriadau dilys at ddychrynfeydd milenaraidd ar ddiwedd y ddegfed ganrif: doedd yr Eglwys Babyddol erioed wedi dysgu y byddai'r byd yn dod i ben nag y byddai Crist yn dychwelyd yn y flwyddyn 1000. Teg fyddai dweud ei bod hi ar hyd ei hanes, fel pob eglwys arall a ddaeth wedyn, wedi gwrthwynebu'n llwyr unrhyw ymgais i broffwydo pa bryd y daw'r Diwedd. Mewn gair, felly, pe byddai rhyw grediniwr, boed fonedd neu werin, wedi ymguddio yn yr eglwys ar 31 Rhagfyr 999 ni fyddai'n gwneud dim ond bradychu ei ddiffyg ffydd yn nysgeidiaeth yr eglwys.

Serch hynny, ac er gwaetha'r ffaith bod y dadleuon cryfaf o dipyn gan yr ysgol wrth-apocalyptaidd, mae'r myth yn parhau hyd y dydd heddiw. O sylwi ar nifer o deitlau newydd sy'n ymddangos y dyddiau hyn ar silffoedd y siopau llyfrau, mae wedi cael ail wynt. Ceir cyfeiriadau lu at ffanatigiaeth honedig yr Oesoedd Canol, ac at yr ofnau oedd yn bodoli ymysg y bobl gyffredin wyneb yn wyneb â dyfodiad buan Dydd y Farn. Gan roi rhywfaint o hygrededd i'r syniadau hyn mae yna rai haneswyr cyfoes sy'n barod i ddadlau o leiaf bod llywodraethwyr Ewrop ar ddiwedd y ddegfed ganrif yn ymwybodol o arwyddocâd crefyddol y dyddiad. Yn yr Almaen roedd yr Ymerawdwr Otto III yn ymwybodol iawn o arwyddocâd y ffaith ei fod yn llywodraethu ar drothwy dyddiad mor bwysig, ac yn wir roedd dylanwad proffwydoliaethau am y Diwedd yn allweddol yn ei agwedd tuag at ei swydd aruchel: ni allai benderfynu a ddylai geisio oedi'r Diwedd trwy lywodraethu dros

Ymerodraeth dragwyddol, neu fod yn gyfrwng i brysuro'r Diwedd. Fel mae'n digwydd, bu farw yn 1002, cyn cael cyfle i wneud llawer ynghylch y naill na'r llall! Ond y pwynt yw o amgylch y Mileniwm roedd y llywodraethwr mwyaf grymus yn y gorllewin yn mesur ei weithrediadau yng ngoleuni proffwydoliaethau am y Diwedd. At hynny, fe ellid cyfeirio at lawer o bethau digalon oedd yn digwydd yn Ewrop tua'r adeg honno. Yn Lloegr, er enghraifft, roedd Wulfstan, Archesgob Caerefrog, yn sicrhau ei wrandawyr mai cosb Duw am eu pechodau oedd ymgyrchoedd y Daniaid, a rhybudd bod y Diwedd gerllaw. Yn Ffrainc arweiniodd cwymp y Carolingiaid at newidiadau o fewn y gymdeithas a fyddai'n effeithio ar Ewrop i gyd maes o law, ac roedd y mynachod oedd yn cofnodi'r digwyddiadau hynny'n barod iawn i weld ynddynt arwyddion o ddiwedd y byd.

O blith y rhain y mwyaf hallt ei feirniadaeth o arweinwyr y byd a'r eglwys oedd mynach o'r enw Ralph (neu Raoul) Glaber. Doedd Glaber ddim yn brin o gyhuddo'r arweinwyr seciwlar a'r esgobion fel ei gilydd o fod mor bechadurus nes eu bod yn arwain yr holl fyd at ddifancoll. Yn ddiddorol iawn, mae'n mynd rhagddo i ddisgrifio pob math o arwyddion naturiol hyfryd a ddaeth i fod yn y flwyddyn 1033 – mil o flynyddoedd ar ôl yr Atgyfodiad – ac yn cysylltu'r rhain â mudiad a ddaeth i fod yn Ffrainc yn yr un flwyddyn yn dwyn yr enw "Tangnefedd Duw". Mudiad chwyldroadol oedd hwn i ddechrau, pan gafodd y boblogaeth ei sbarduno gan y clerigwyr i ddangos eu hatgasedd tuag at yr uchelwyr rhyfelgar. Ond cafodd ei ddehongli fel arwydd bod blynyddoedd yr arswyd wedi mynd heibio ac y byddai pobl yn troi at Dduw. Yn ôl Glaber, bu rhaglen frwd o adeiladu eglwysi newydd o hynny ymlaen: "Gwisgodd y byd wisg wen, bur yr eglwys", meddai.

Dylai cymaint â hynny fod yn grynodeb digon teg o'r meddwl Cristnogol cyn y flwyddyn 1000. Y tebyg yw bod cryn gynnwrf ymhlith arweinwyr seciwlar ac eglwysig y cyfnod a hynny am ddau reswm: newidiadau sylfaenol yn y gymdeithas, a'r penderfyniad newydd i ymosod ar anfoesoldeb a heresi. Byddai'r werin wedi teimlo'r canlyniadau ond heb fod yn ymwybodol o'u harwyddocâd dyfnach. Am y gweddill rhaid ffrwyno'r dychymyg!

Ofnau Cyfoes

Yr hyn sy'n bwysig i ni heddiw yw bod pob arwydd, yn arbennig yn America, bod sectau apocalyptaidd eithafol yn ennill tir, ac yn manteisio ar ddisgwyliadau pobl yn wyneb y Mileniwm newydd, ac ar eu hofnau hefyd. Gwelsom, wrth ystyried y rhesymau am lwyddiant rhai sectau meseianaidd yn yr Oesoedd Canol cynnar, eu bod yn porthi ar ofnau pobl yn wyneb newidiadau cymdeithasol ac ansefydlogrwydd eu bywyd. Tybed a ellid dadlau bod apêl y sectau hyn yn debyg heddiw, yn arbennig wrth i'r eglwysi traddodiadol golli eu dylanwad? Achos pryder pellach yw bod llawer o'r sectau apocalyptaidd, yn hanesyddol, wedi bod yn bur dreisgar. Yn Waco, Texas, ac yn Japan cafwyd digon o brawf bod y sectau cyfoes yn dilyn yn yr un etifeddiaeth. Cenhadaeth ganolog y sectau hyn yw bod rhaid puro'r byd trwy ei wared o bob dylanwad llygredig, ac o afael y Diafol. Dagrau pethau yw eu bod hwy eu hunain, wrth geisio cyflawni hynny, wedi bod yn gyfrifol am ychwanegu cymaint at y drygioni a'r trais sydd yn y byd.

Credai Paul Tillich fod lefel pryder yn cynyddu wrth i ddiwylliant ddadfeilio. Mewn cyfres o ddarlithoedd ym Mhrifysgol Iâl yn 1952 yn dwyn y teitl *The Courage to Be*, dadleuodd fod tri chyfnod felly wedi bod yn hanes y byd: diwedd yr hen gyfnod Clasurol, diwedd yr Oesoedd Canol, a'r oes bresennol, sydd yn ei olwg ef yn ddiwedd y byd modern. Yn sgîl technoleg, prif nodweddion ein cyfnod, meddai, yw datblygiad y meddwl rhyddfrydol a diwedd yr absoliwt. Canlyniad hyn yw pryder ac ymdeimlad o ddiffyg ystyr i fywyd, ac y mae Tillich yn gweld bod cysylltiad agos rhwng pryderon yr unigolyn a phryderon y gymdeithas gyfan.[8] Hanner canrif yn ôl roedd awduron yn edrych tua'r Milflwyddiant newydd gydag ymdeimlad o optimistiaeth lwyr. Mor ddiweddar â 1989 gallai Francis Fukuyama ddatgan yn hyderus, wedi gwylio ar y naill law cwymp Comiwnyddiaeth yn y dwyrain, ac ar y llaw arall y dadrithiad cyffredinol â chyfalafiaeth eithafol yn y gorllewin yn ystod yr wythdegau, fod oes aur yr unigolyn ar wawrio. Nid felly y mae awduron y nawdegau yn gweld pethau. Gweld bywyd cymdeithasol yn ymddatod y mae'r rhain, a gellir synhwyro yn eu gwaith ymdeimlad dwys o anhrefn.

"Life inside the stretch limo is neither relaxing nor secure", medd Damian Thompson.[9]

Dyna'r themâu y byddwn yn troi atynt yn y bennod nesaf, ond y cwestiwn sy'n aros ar ddiwedd hon yw, " pan ddaw Mab y Dyn, a gaiff ef ffydd ar y ddaear?" (Luc 18:8).

NODIADAU

1. Cyfeirir yma at waith ymchwil gan Sue Keane mewn masnachu.
2. Emyr Roberts, *Y Ffydd a Roddwyd*, Pen-y-Bont ar Ogwr, 1980, t.38.
3. Dyfyniad o bamffledyn gan Esgob Zanzibar ar y pryd.
4. Ceir ymdriniaeth lawn a hynod o ddarllenadwy ar yr holl faes hwn yng nghyfrol Damien Thompson, *The End of Time – Faith and Fear in the Shadow of the Millennium*, London, 1996.
5. Norman Cohn, *The Pursuit of the Millennium*, London, argr. 1993, t.52. Mae llawer o haneswyr wedi dilyn dadansoddiad Cohn, a gweld pob mudiad apocalyptaidd wedi ei wreiddio yn amgylchiadau cymdeithasol y bobl. Byddai rhai hyd yn oed yn dadlau mai ffurfiau ar filenariaeth seciwlar oedd Marcsiaeth a Natsïaeth.
6. *ibid.* t.59.
7. Cymharer R.A.Markus, *The End of Ancient Christianity*, Cambridge, 1990.
8. Paul Tillich, *The Courage to Be*, London, 1952, t.53-59.
9. *The End of Time*, t.329.

3

Y MEDDWL ÔL-FODERNAIDD

Tyfodd y term "Ôl-Foderniaeth" yn ffasiynol iawn, ac mae'n codi ei ben mewn sawl maes gwahanol: mewn persaernïaeth ac arluniaeth ymysg pethau eraill. Ond perthyn iddo ystyr penodol mewn athroniaeth hefyd, yn arbennig wrth astudio'r diwylliant a'r meddwl cyfoes. Yn y meysydd hyn y bydd ein diddordeb ni.

Cyn ceisio deall beth a olygir wrth "ôl-foderniaeth" rhaid diffinio ystyr "modern". Os yw'r hyn sy'n ôl-fodernaidd wedi dod i gymryd lle'r hyn a fyddai'n cael ei gyfrif gynt yn fodern, neu i ddisodli mewn rhyw ffordd yr hyn roeddem gynt yn ymffrostio ynddo ar gyfrif ei foderniaeth, yna rhaid rhoi'n bys i ddechrau ar beth yn union a olygwn wrth y gair "modern". Defnyddiwn y gair yn ddigon llac wrth sôn am oes fodern, cerddoriaeth fodern, am y gwahanol daclau modern sydd o'n cwmpas, am ddillad modern, ceir modern ac yn y blaen. Yn wir, cyn belled ag y mae'r defnydd cyffredin ohono yn y cwestiwn, aeth yn air mor annelwig nes ei fod bron wedi troi'n ddiystyr. Yn wreiddiol daw o'r Lladin *modernus*, a *modernus* wedi ei ffurfio o *modo*, ar batrwm *hodiernus* o *hodie*, "heddiw". Ei ystyr llythrennol yw "yn awr". Felly, mae dweud bod rhywbeth yn fodern yn golygu ei fod yn perthyn nid i ddoe nac i unrhyw oes o'r blaen, ond i'r presennol. Down gam yn nes eto at amgyffred ei wir ystyr o ddeall ei fod yn air technegol gan yr athronydd a'r hanesydd. Iddo ef saif y gair "modern" am ddull o edrych ar fywyd ac o esbonio pethau, dull sydd wedi bod gyda ni ers Oes y Goleuo yn y ddeunawfed ganrif. (Yn fras, cyfeirio y mae'r gair "modern" at y cyfnod rhwng y ddeunawfed ganrif a 1945, tra bod "cyfoes" yn cael ei ddefnyddio am y blynyddoedd ar ôl 1945.)

Gwelodd hanner cyntaf yr ail ganrif ar bymtheg yn Ewrop gyfnod maith o ymgecru ac o ryfeloedd crefyddol. Erbyn hynny roedd berw cyntaf y Diwygiad Protestannaidd wedi mynd heibio a safbwyntiau wedi caledu. Achosodd hyn i bobl ddysgedig gael eu dadrithio â chrefydd, neu o leiaf y math o grefydda yr oeddent yn ei weld o'u cwmpas. Arweiniodd dwy ffactor at y dadrithiad hwn: gallu crefydd i rannu pobl yn hytrach na'u cymodi, a'r hyn a deimlai pobl i fod yn bwyslais gormodol ar y goruwchnaturiol. Un o brif benseiri syniadaeth y cyfnod hwn oedd yr athronydd Ffrengig René Descartes, a gafodd ei eni yn 1596. Cafodd ei alw "y meddyliwr seciwlar cyntaf". Yr hyn sy'n ei wneud yn hynod yw ei ddull o athronyddu. Ei fan cychwyn oedd ymwrthod â phob rhagdybiaeth a rhagfarn athronyddol a fodolai gynt, gan ofyn iddo'i hun, "Beth alla'i ei wybod i sicrwydd, heb y canllawiau metaffisegol traddodiadol?" O amau popeth, daeth i'r casgliad mai'r unig beth y gallai fod yn sicr ohono oedd bodolaeth ei feddwl ei hun. Er mwyn iddo fedru ystyried y cwestiynau hyn yn y lle cyntaf roedd yn rhaid bod ei feddwl ei hun yn bodoli. Felly y daeth at ei gasgliad enwog, *Cogito, ergo sum*: "Rwy'n meddwl, felly yr wyf".

Oddi yno aeth ymlaen i ymresymu ynghylch bodolaeth Duw. Ni allai'r syniad o Dduw fodoli yn y meddwl dynol, meddai, oni bai fod Duw ei hun wedi achosi i'r fath syniad godi yn y lle cyntaf. Mae dyn yn amherffaith, ac eto yn ei feddwl mae'r syniad o berffeithrwydd hollol. Er mwyn i'r fath effaith gael ei chreu mae'n rhaid bod achos sydd yr un mor gryf, a'r tu ôl i'r cyfan rhaid rhagdybio Bod Perffaith, sef Duw. O'r fan honno wedyn daeth ar draws broblem arall. Sut y gall y meddwl ymestyn allan at y materol? Yr unig ffordd y gall y meddwl amgyffred neu "weld" pethau materol yw trwy ffurfio delweddau ohonynt iddo'i hun. Ond sut y medrwn fod yn siwr bod y darlun hwnnw'n cyfateb i realiti gwrthrychol oddi allan? (Mae hon yn broblem wirioneddol i rywun sy'n methu gwahaniaethu rhwng lliwiau a'i gilydd, er enghraifft.)

Gwnaeth Descartes gyfraniad aruthrol i ddatblygiad y meddwl "modern", ac y mae rhywbeth o'i etifeddiaeth yn aros hyd y dydd heddiw. Yn y lle cyntaf agorodd y drws i *amheuaeth* mewn ymchwil athronyddol, a daeth hynny'n ffactor hollbwysig yn ystod y ddeunawfed ganrif mewn gwyddoniaeth a chrefydd fel ei gilydd. Yn wir, gellid dadlau iddo wneud llawer i boblogeiddio gwyddoniaeth. Dywedodd unwaith:

"Mae athroniaeth fel coeden: ei gwreiddiau yw metaffiseg, ei bonyn yw ffiseg, a'i changhennau yw'r holl wyddorau eraill."

Ei brif gymhelliad oedd cymodi ei ffydd grefyddol a'i ddeall-twriaeth o'r "wyddoniaeth newydd". Roedd yn edmygu gwaith ei gyfoeswr, Galileo, er na feiddiai ddangos hynny'n agored. Roedd yr Eglwys Babyddol yn hawlio mai ganddi hi yr oedd yr awdurdod terfynol i benderfynu'r gwirionedd ym mhob agwedd ar fywyd, gan gynnwys yr hawl i benderfynu beth oedd yn dod o fewn ei thiriogaeth. Yn sicr roedd yn cyfrif bod gwyddoniaeth o fewn y terfynau hynny, ac ar y pryd syniadau Aristoteles (trwy Thomas o Acwin) a Ptolemi oedd yn para mewn bri, sef bod y ddaear yng nghanol y bydysawd a'r haul yn troi o'i chwmpas. Dyna graidd argyfwng Descartes: ar y naill law roedd yn Babydd selog, ac ar y llaw arall yn fathemategydd a gwyddonydd o fri. Ei nod oedd dyfeisio system athronyddol a allai goleddu'r ddau faes hyn.

Yn ail, bu'n gyfrifol am bwysleisio eto'r *ddeuoliaeth* a oedd wedi bod yn sylfaenol i athroniaeth y Groegiaid gynt: hynny yw, mae'r gwahaniad rhwng y corff a'r meddwl neu'r ysbryd yn hanfodol i'w system. Yn ei hanfod, mae dyn yn fod sy'n rhesymu, ewyllysio ac ati. Peth eilradd yw ei gorff materol, a rhaid cydnabod bod Descartes wedi cael cryn drafferth datrys y berthynas rhwng y ddau. Er enghraifft, cyflwr corfforol yw newyn neu boen, dyweder, ond y mae dyn yn teimlo'u heffaith yn ei synhwyrau – neu yn ei feddwl, a defnyddio termau Descartes. Ond un o'r pethau yr oedd wedi ymwrthod â nhw ar y dechrau oedd ei synhwyrau: "Fe allai fod fy synhwyrau yn fy nhwyllo", meddai. Erbyn heddiw mae ymresymiad Descartes wedi cael ei droi o chwith, gan roi'r flaenoriaeth i'r materol yn hytrach na'r meddyliol/ysbrydol. Oherwydd hynny gellid dadlau mai pen draw ei ddull athronyddol yw ei gwneud yn bosibl i gau Duw allan o'r darlun yn llwyr.

Yn drydydd, mae'r ddeuoliaeth hon yn rhagdybio *lle'r enaid* yn y cyfansoddiad dynol. Ceisiodd Descartes ddod o hyd i fangre'r enaid mewn rhan arbennig o'r ymennydd, ac mae'n ddiddorol sylwi mai dyma destun llawer o waith ymchwil mewn bioleg heddiw (gweler Pennod 6 isod.)

Bu farw Descartes yn 1650, ac yn gyffredinol mae'r cyfnod o hynny at ddiwedd y ddeunawfed ganrif yn cael ei ddisgrifio fel Oes Rheswm (yn fras o tua 1648 hyd 1789) am fod meddylfryd yr oes yn ymwrthod â'r goruwchnaturiol a throi'n fwy rhesymol. Cafodd gair ei fathu yn yr Almaen i grynhoi'r agwedd newydd hon, sef *Aufklärung*. Yn Saesneg cafodd y gair *Enlightenment* ei fathu, ac yn Gymraeg, y Goleuo. Daeth y term hwn i ddisgrifio agwedd pobl yn gyffredinol ar y pryd yn Ffrainc, Prydain, yr Almaen a rhannau eraill o Ewrop. (Ym Mhrydain roedd Prifysgol Caeredin yn yr Alban yn enghraifft nodedig o hyn.) Un o ddelfrydau'r mudiad newydd hwn oedd goddefgarwch crefyddol, a dyna oedd y tu ôl i weledigaeth y rhai a osododd sylfeini Unol Daleithiau America. Nid mudiad gwrth-grefyddol ydoedd, yn elyniaethus i grefydd, ond yn hytrach un a roddai bwyslais arbennig ar y rheswm dynol fel y ffordd orau i farnu rhwng y gwir a'r gau mewn crefydd. Rhaid oedd amau pob awdurdod a thraddodiad, a dal crefydd fel popeth arall i fyny yn erbyn goleuni oer rheswm a'r dull gwyddonol. Bellach gallai dyn edrych yn ôl ar yr Oesoedd Canol fel cyfnod tywyll, llawn ofergoeledd a ffolineb, ac ar ddogmatiaeth yr eglwys Babyddol a'r Protestaniaid fel ei gilydd fel pethau oedd yn elyniaethus i ddyn, ac yn ei gadw rhag cyrraedd ei lawn dwf. Ym meddwl crefyddol yr oes roedd y cyfnod modern wedi cyrraedd.

Rhaff Deirgainc

Dyma'r hinsawdd a barhaodd trwy gydol y ddeunawfed ganrif, canrif y mae Basil Willey yn ei disgrifio fel oes aur diwinyddiaeth naturiol a'r meddwl rhydd.[1] Erbyn hynny roedd y brwydrau yr oedd Copernicus (1473-1543) a Galileo (1564-1642) wedi eu hwynebu yn y ddwy ganrif gynt drosodd, a'r "mudiad gwyddonol" yn cyfrannu'n helaeth tuag at yr agwedd newydd at grefydd. Aeth canrif arall heibio cyn i wyddoniaeth a chrefydd ddod i wrthdrawiad â'i gilydd eto. Daeth Natur i ddisodli datguddiad, a mwyach roedd yn rhaid i ffydd gael ei sylfaenu'n gadarn ar natur cyn y gallai esgyn at y goruwchnaturiol. Yn wir, credai'r gwyddonwyr eu bod yn cynnig gwasanaeth i grefydd. Onid oedd llawer o'r dirgelwch a berthynai gynt i'r greadigaeth wedi diflannu, ac esboniad naturiol yn cael ei gynnig ar weithrediadau'r Peiriant Mawr? Ac wrth gwrs roedd peiriant o'r fath yn rhagdybio bodolaeth Peiriannydd dwyfol. Yr enw a roddir ar y gwyddonwyr hyn yw'r Deistiaid: roeddent yn gredinwyr llwyr, ond bod eu cred wedi ei sylfaenu ar reswm, a natur oedd eu llwybr at Dduw. Roedd gweithiau Syr Isaac Newton (1642-1727) wedi ehangu eu gorwelion a'u dysgu i ymgyrraedd allan mwyfwy er mwyn deall rhyfeddodau di-ben-draw y cread oll. Trwy holl ddarganfyddiadau gwyddoniaeth byddai dyn yn gallu synied yn uwch am Dduw. Dros ganrif ynghynt roedd Syr Francis Bacon wedi dilyn ôl troed Syr Thomas More o'i flaen trwy awgrymu bod gwyddoniaeth yn astudiaeth o weithiau Duw, ac o'r herwydd dylasai fod bron mor ddefosiynol â'r astudiaeth o'i eiriau. Rhoes Duw ddwy sianel ar gyfer y datguddiad ohono'i hun, sef yr Ysgrythur a Natur.

Un o brif edmygwyr Bacon yn ddiweddarach yn yr ail ganrif ar bymtheg, Syr Thomas Browne, a ddywedodd ei bod yn well gan Dduw ein bod yn rhyfeddu at ei waith allan o wybodaeth amdano na'n bod yn syllu ar y cyfan mewn anwybodaeth - "gross rusticity" yw ei ymadrodd! Ar hyd yr un llinellau canodd Joseph Addison yn hyderus:

> "The spacious firmament on high
> With all the blue aethereal sky
> And spangled heavens, a shining frame,
> Their great Original proclaim."

Allan o'r briodas ddedwydd hon rhwng ffydd a gwyddoniaeth y tyfodd gweithiau rhai o glerigwyr gwyddonol adnabyddus hanner cyntaf y ddeunawfed ganrif, ac yn eu plith William Derham, gŵr dysgedig y bu Williams, Pantycelyn yn pori llawer yn ei weithiau.[2] Dwy gyfrol gynnar o waith Derham oedd sail Williams wrth iddo gyfansoddi ei epig "Golwg ar Deyrnas Crist", sef *Physico-Theology*

(1713) ac *Astro-Theology* (1715). Nod Derham yn ei weithiau oedd profi bodolaeth Duw ac argyhoeddi dynion y dylent ei addoli am ei ddoethineb. Tyfodd ymhlith nifer o ysgrifenwyr y cyfnod amheuaeth ynghylch gwerth datguddiad personol. Afraid dweud nad oedd Williams yn rhannu'r amheuaeth honno. Dylai'r ystyriaethau uchod roi ystyr newydd inni i'w eiriau:

"Ymhlith holl ryfeddodau'r nef
Hwn yw y mwyaf un -
Gweld yr anfeidrol ddwyfol Fod
Yn gwisgo natur dyn."

Er ei fod mor hyddysg ag unrhyw un o'i gyfoeswyr ynghylch "holl ryfeddodau'r nef", nid oedd Williams yn barod i ildio'r un fodfedd ar gwestiwn lle canolog y datguddiad dwyfol, a choron y datguddiad hwnnw:

"Beth allsai ddangos pwy wyt Ti
Yn well nag angau Calfari?"

Gwelir fod pwyslais y cyfnod, felly, ar oruchafiaeth y rheswm dynol a rhyfeddodau natur. Ond roedd un gainc arall i raff Cristnogion Oes y Goleuo, sef y gred ddiysgog yn naioni dyn a'i gynnydd anorfod: cynnydd yn ei wybodaeth, a chynnydd naturiol yn ei gyraeddiadau a'i foesoldeb. Yn eu golwg hwy, roedd y natur ddynol yn sylfaenol dda, a'r greadigaeth yn araf deithio tuag adref. Ar un ystyr gallent dynnu ar ran o'r traddodiad Cristnogol i ategu eu cred. Bu Cristnogion ers dyddiau'r Apostol Paul ac Awstin Sant yn dadlau bod y gydwybod sydd gennym yn gymorth i'n harwain at Dduw, a hwnnw'n Dduw daionus yr ydym i ufuddhau iddo. Meddylier, er enghraifft, am eiriau Paul wrth y Rhufeiniaid:

"Pan yw Cenhedloedd sydd heb y Gyfraith yn cadw gofynion y Gyfraith wrth reddf, y maent, gan eu bod heb y Gyfraith, yn gyfraith iddynt eu hunain. Y maent yn dangos bod yr hyn a ofynnir gan y Gyfraith wedi ei ysgrifennu yn eu calonnau, gan fod eu cydwybod yn cyd-dystiolaethu â'r Gyfraith, a'u meddyliau weithiau'n cyhuddo ac weithiau, hefyd, yn am-ddiffyn" (Rhufeiniaid 2: 14-15).

41

Dywedodd y Salmydd, yntau, mai "yn d'oleuni di y gwelwn oleuni" (Salm 36:9). Cymryd cam ymhellach o'r fan honno a wnaeth y Deistiaid wrth ddadlau bod y goleuni a blannwyd oddi mewn inni yn adlewyrchiad o ddaioni Duw ei hun, a bod dyn wrth natur yn ymestyn at y goleuni hwnnw. Y Ffrancwr Rousseau oedd lladmerydd pennaf y syniad hwn, ond mae'r syniadau hyn yn britho gweithiau athronwyr ac artistiaid y cyfnod. Dyma sail optimistiaeth beirdd a meddylwyr y ganrif ddiwethaf ynghylch y natur ddynol, a'r hyder sy'n cael ei fynegi yn llinellau Tennyson:

> "One God, one law, one element,
> And one far-off divine event,
> To which the whole creation moves."

Caiff y ffydd hon yng ngoruchafiaeth y rheswm dynol a gogwydd naturiol dyn at yr hyn sy'n dda le amlwg yn athroniaeth Leibniz, a chaiff ei chrynhoi yng ngeiriau'r athronydd Immanuel Kant. Yn ei *Critique of Practical Reason*, a gyhoeddodd yn 1788, mae'n ymchwilio i'r hyn y gall y meddwl dynol ei wybod, ac yn y diwedd mae'n dod i'r casgliad mai dau beth sy'n ennyn rhyfeddod ynddo, dwy sylfaen sydd y gellir bod yn sicr ohonynt, sef y nefoedd faith uwchben a'r ddeddf foesol oddi mewn i galon dyn. Dyma'i eiriau:

> "Dau beth sy'n llenwi'r meddwl â rhyfeddod ac arswyd cynyddol a bythol-newydd, po fwyaf aml a dwys y bydd dyn yn hoelio'i feddwl arnynt: y nefoedd serennog uwch fy mhen a'r ddeddf foesol o'm mewn."

Y pwynt yw bod system wedi cael ei chreu yn oes y Goleuo a oedd yn coleddu natur, gwyddoniaeth, moesoldeb a chrefydd. System wedi ei sylfaenu ar reswm oedd honno, a chafodd y pwyslais hwnnw ar reswm oer ei gywiro yn ystod y ganrif ddilynol wrth i'r mudiad Rhamantaidd fynd o nerth i nerth. Cododd y mudiad Rhamantaidd yn y ddeunawfed ganrif, ond yn ystod y bedwaredd ganrif ar bymtheg daeth â phwyslais cynyddol, mewn crefydd a llenyddiaeth, ar deimladau a phrofiadau yn hytrach nag ar reswm. Ar ben hynny daeth Darwin i chwalu'n deilchion y berthynas hapus rhwng gwyddoniaeth a chrefydd, a'i syniadau ef yn yr *Origin of Species* (1859) sy'n para i fod yn gyfrifol am ymestyn yr agendor honno yn ein hoes ni. Ond fframwaith meddwl y ddeunawfed ganrif, systemau mawr y cyfnod a'u nod i esbonio popeth o safbwynt cyffredin, sydd y tu ôl i'r hyn y byddwn ni'n ei alw yn feddwl "modern".

> "'Modernity' . . . designates a combined aesthetic, ethical and political outlook, unified in eighteenth century thought but splintered in the subsequent development of western societies."[3]

Dadrithiad

Erbyn blynyddoedd cynnar y ganrif bresennol roedd gweddillion y ffydd roedd pobl wedi ei choleddu ers Oes y Goleuo yng nghynnydd dyn a'i ddaioni naturiol wedi eu chwalu'n greulon gan erchyllterau'r Rhyfel Byd Cyntaf, ac wedyn gan yr Holocost. Collodd llawer eu cred yn Nuw, ac roedd yn anodd iawn cynnal ffydd pobl mewn Duw daionus.[4] Er hynny, parhaodd y gred y gallai dyn ohono'i hun sefydlu gwynfyd ar y ddaear hon, a'i bod o fewn ei allu i oresgyn ei amgylchiadau a'i anawsterau. Felly y daeth system newydd i fod, sef y freuddwyd Farcsaidd. Seiliwyd hon eto ar yr arolwg wyddonol fodern. Gwyddoniaeth a thechnoleg oedd yr allweddau a fyddai'n agor y drws i ddyfodol disglair dyn, a rhoi iddo'r hapusrwydd sy'n hawl i bob un. Gallai anghofio mwyach am Dduw. Mae Gwenallt yn crynhoi teimlad y cyfnod yn bur effeithiol:

> "Yr oedd Marcsiaeth i ni yn llawer gwell efengyl na Methodistiaeth. Efengyl oedd hi; crefydd, a chrefydd gymdeithasol, ac yr oeddem yn barod i fyw drosti, i aberthu drosti, ie, a marw er ei mwyn, ond ni chodem fys bach dros Galfiniaeth."[5]

Y gwyddonydd oedd archoffeiriad y grefydd newydd – a'i slogan herfeiddiol, "Meiddia wybod".[6]

Mae'n hawdd inni wenu heddiw ar y fath optimistiaeth. Rydym ni'n medru edrych yn ôl ar flynyddoedd y Rhyfel Oer a'u holl greulondeb. Tyfodd ynom amheuaeth gynyddol ynghylch daioni digymysg gwyddoniaeth a thechnoleg, ac aethant yn fwy o fygythiad nag o fendith yng ngolwg llawer. Dwysaodd yr ymdeimlad hwn o ddadrithiad yn ystod y degawdau olaf hyn. Yn nwyrain Ewrop cwympodd y llywodraethau Comiwnyddol o un i un. "Marxism is now a threadbare metanarrative", meddai Jean-Francois Lyotard. Yn y gorllewin bu rhai'n ffieiddio at y trachwant hunanol sy'n dod yn sgîl y drefn gyfalafol. At hyn, gwelir o hyd greulondeb anhygoel mewn rhannau o'r byd: creulondeb yr oedd pobl y ddeunawfed ganrif yn credu eu bod wedi ei adael ar ôl mewn rhyw "oesoedd tywyll". Yn y gwledydd ffyniannus aeth bywyd i lawer yn ddiystyr a gwag, a'r unig ateb a welant yw troi cefn ar bob uchelgais materol a ffyniant bydol. Yn llenyddiaeth ein cyfnod rhoddir bri ar yr agwedd nihilaidd – y gred nad oes dim o bwys yn y pen draw, dim byd yn werth byw er ei fwyn, oherwydd yn y pen draw mae bywyd yn ei ddinistrio'i hun.[7] Dyma seiliau'r athroniaeth Ôl-Fodernaidd, sef yr argyhoeddiad bod oes y systemau neu'r fframweithiau mawr ar ben. Cafwyd rhagflas o hyn yn adwaith Nietzsche a Freud yn erbyn metaffiseg y Mudiad Rhamantaidd – y naill ym maes iaith a'r llall mewn seicoleg, a syniadau'r ddau fel ei gilydd yn ddylanwadol dros ben mewn llenyddiaeth a'r celfyddydau cain.

Cysylltir yr athroniaeth hon yn bennaf â thri Ffrancwr, sef yr athronwyr Jean-François Lyotard a Jacques Derrida, a'r cymdeithasegydd Michel Foucault. Dadl Foucault yw bod pob system feddyliol megis Cristnogaeth, cyfalafiaeth, Marcsiaeth ac yn y blaen, yn ormesol yn ei hanfod. Wrth gwrs, mae pob system yn ei thro wedi condemnio'r llall yn y termau hynny! Apeliodd Marx a Lenin ar y gweithiwr i ymysgwyd oddi wrth hualau cyfalafiaeth a chrefydd, ond yn fuan iawn trodd Marcsiaeth hithau yr un mor ormesol. Dyna union bwynt Foucault, sef bod y naill ddiwylliant dynol ar ôl y llall yn darostwng yr un o'i flaen ac yn gwadu ei wirionedd. Yna mae'n gosod ei wirionedd ei hun i gymryd lle'r hyn oedd o'i flaen. Ond mewn gwirionedd does yna ddim safon wrthrychol o wirionedd i fesur yr hyn y maent yn ei hawlio. Fel y dywedodd Nietzsche, y ffactor oruwch-lywodraethol mewn hanes yw'r awydd i reoli, ac y mae trais yn elfen hanfodol ym mywyd ac yn hanes y ddynoliaeth. Wrth ddatblygu ei syniadau mae Foucault yn galw ar gymdeithas i ymwrthod â phob syniad goruwch-lywodraethol: mewn gair, pob system feddyliol sy'n llywodraethu'r ffordd mae pobl yn gweithredu.

Yn ei gyfrol *La Condition Postmoderne* a gyhoeddwyd yn 1979 bathodd Lyotard y term "metanaratifau" i ddisgrifio'r systemau neu'r cynlluniau mawr. Rhaid ymwrthod â phob metanaratif neu stori fawr, meddai Lyotard. Y rhain sydd wedi cyfreithloni pob agwedd ormesol: "Totalitariaeth y Rheswm" yw ei ymadrodd. Does yna ddim cynllun mawr y gallwn fyw ein bywydau yn ei oleuni; does yna ddim a all gynnig rheswm nac esboniad inni ar bethau:

"The nineteenth and twentieth centuries have given us as much terror as we can take. We have paid a high enough price for the nostalgia of the whole and the one, for the reconciliation of the concept and the sensible, of the transparent and the communicable experience. Under the general demand for slackening and for appeasement, we can hear the mutterings of the desire for a return of terror, for the realisation of the fantasy to seize reality. The answer is: Let us wage war on totality; let us be witnesses to the unpresentable; let us activate the differences and save the honor of the name."[8]

Galwodd Derrida arnom i ddechrau ar broses o "ddatgymalu" yr holl draddodiad athronyddol gorllewinol sydd wedi ei sylfaenu ar Reswm. Yn wir mae'r holl syniad ei bod yn bosibl i ddyn fod â ffydd yn ei gynnydd ei hun yn gwbl wrthun yn ei olwg. Ei gwestiwn yw, pa sail sydd gennym dros y fath draha? Fel hyn y mae'n ateb ei gwestiwn:

"Nid yw trais, anghyfartaledd, culni, newyn, ac felly ormes economaidd, erioed wedi effeithio ar gymaint o fodau dynol yn hanes y ddaear a'r ddynoliaeth. Nid yw'r mesur lleiaf o gynnydd yn caniatáu i rywun anwybyddu'r ffaith na chafodd cymaint o ddynion, merched a phlant erioed o'r blaen eu darostwng, eu llwgu neu eu difodi ar y ddaear".

Cafodd cyfrol Derrida ei chyfieithu i'r Saesneg yn 1973 o dan y teitl *Speech and Phenomena*, a dadl sylfaenol yr awdur yw na ellir canfod ystyr unrhyw beth yn y gwrthrych ei hun, ond yn hytrach yn ein perthynas ni ag ef. Er enghraifft, gallem astudio'r berthynas rhwng iaith bob dydd Cymru oes Fictoria ac iaith Daniel Owen. Ond byddai proses "datgymalu" yn mynd cam ymhellach er mwyn dangos bod y dyn, Daniel Owen, ei hun yn cael ei greu gan iaith ei nofelau. Felly y mae Derrida yn chwalu'r myth fod y fath beth yn bod â gwirionedd pur sy'n sylfaen i bopeth, a bod modd inni fodoli ar wahân i'n diwylliant, ein hiaith a'n hamser ein hunain. Yr unig beth y medrwn ei adnabod yw'n rhagolwg ein hunain ar y byd. Does yna ddim modd inni brofi unrhyw realiti a fydd o gymorth inni bwyso a mesur rhagolwg rhywun gwahanol ar y byd. Gweld mewn drych yr ydym, a lle y byddai pobl yn credu bod ystyr mewn bywyd, ac y gellid adlewyrchu hynny mewn credoau, celfyddyd a diwylliant, daeth yn glir bellach mai'n gweld ein hunain yr ydym. Mae'n dilyn, felly, nad oes ystyr i ddim, ac nad oes unrhyw werthoedd y gellir eu trafod. Bu syniadau Derrida'n bur ddylanwadol ar epistemoleg y blynyddoedd diwethaf, sy'n dal na ellir adnabod pethau fel y maent yn eu hanfod ac nad yw ein hiaith yn adlewyrchu unrhyw realiti, ond yn hytrach y ffordd yr ydym yn defnyddio'r byd o'n hamgylch.

Pen draw rhesymeg yr ôl-Fodernwyr yw edrych ar fywyd mewn termau goddrychol llwyr. Nid oes y fath beth â threfn foesol wrthrychol, absoliwt, na realiti sy'n gadarn a sefydlog. Dywed Lyotard:

"Mae'n rhaid amau popeth a dderbyniwyd gennym, hyd yn oed ddoe."

Golyga hyn ein bod "yn ymwrthod â holl gysur y byd rhesymol, goleuedig, dyneiddiol". Mae'n athroniaeth sy'n "tanseilio'n ffydd mewn realiti cadarn a sefydlog".[9]

Codi i'r Her

Mae olrhain dylanwad syniadau braidd fel dilyn ffasiynau mewn dillad. Wrth weld y modelau'n torsythu ar *catwalks* Llundain neu Baris yn gwisgo'r creadigaethau mwyaf carlamus, mae rhywun yn meddwl, "Pwy ar wyneb y ddaear fyddai'n gwisgo peth fel yna ar Stryd Fawr ein tref fach ni?" Yr ateb, wrth gwrs, yw "Fawr neb". Ond y tro nesaf yr ewch i mewn i Marks & Spencers neu Debenhams fe welwch ddigon o wisgoedd sy'n adlewyrchu'r cynlluniau a welwyd ar y *catwalks*. Felly y mae yma hefyd. Mae'r ôl-fodernwyr wedi gadael eu hôl yn ddigamsyniol ar ein cyfnod yn y ffordd y mae pobl yn meddwl yn gyffredinol ac yn siarad. Eu syniadau hwy sydd wedi dylanwadu'n bennaf ar y meddwl cyfoes fel na ellir sôn am "y Gwirionedd" - dim ond am yr hyn sy'n "ystyrlon i mi"; nac am bethau sy'n "iawn" neu beidio – dim ond am "werthoedd". Mae i hyn oll ei ganlyniadau ymarferol amlwg: gwelwn dwf moeseg sy'n gyfan gwbl oddrychol. Canlyniad hyn yw y gall ymwybyddiaeth o'r hyn sydd y tu draw i'r hunan dyfu'n bur egwan, nes bod rhaid dechrau gofyn y cwestiwn "Pwy ydw i?" Ni fyddai cwestiwn o'r fath yn codi ym meddwl rhywun y mae ffactorau eraill y tu allan iddo'i hun yn cyfrif yn ei olwg, oherwydd mae gan hwnnw bethau y gall ei fesur ei hun wrthynt: hanes, cenedl, teulu, er enghraifft.[10] Canlyniad arall yw bod y syniad y gall unrhyw beth fod "am byth" yn gwbl estron: mae popeth dros dro, yn fythol gyfoes. Sonnir yn gyffredinol bellach am ddau berson "mewn perthynas" â'i gilydd, yn hytrach na bod yna gyfamod priodasol sy'n fynegiant o ymrwymiad am oes, ac felly ni welir dim o'i le ar symud o un berthynas i'r llall. Disgrifiad Foucault o'n bywydau yw "centreless random assemblies of contingent needs." Daeth pwyslais cynyddol mewn sawl maes (y mwyaf amlwg yw'r maes gwleidyddol) ar ddelwedd yn hytrach na sylwedd. "Rydym yn gweld y gair yn cael ei ddisodli gan y ddelwedd, y llygaid yn cael y fuddugoliaeth dros y glust".[11] Mewn diwylliant sy'n arfer â "soundbites" y darlledydd a'r gwleidydd, lle mae'r pregethwr arni?

Cawsom ein rhyddhau i fwynhau ffrwyth ymchwil gwyddoniaeth a thechnoleg tra ar yr un pryd yn ymwrthod yn llwyr â'r fframwaith meddwl a roddodd fod iddynt. Dyma gynnig ar lunio deg gorchymyn ôl-Foderniaeth:

1. Paid ag addoli rheswm.
2. Paid â chredu mewn hanes.
3. Paid â dal gobaith mewn cynnydd.
4. Paid ag adrodd metanaratifau.
5. Paid ag arddel ffydd yn y ddynoliaeth.
6. Paid ag ymboeni ynghylch gwerthoedd.
7. Paid ag ymddiried mewn sefydliadau.
8. Paid â thrafferthu ynghylch Duw.

9. Paid â hybu cynnyrch difaol.
10. Paid â gwthio unffurfiaeth ar fywyd.[12]

O'r ochr arall, soniwyd o'r blaen am y diddordeb cyfoes mewn crefydd, er mor annelwig a disylwedd y bo'r "grefydd" honno.[13] Byddai rhai meddylwyr cyfoes am ddefnyddio'r diddordeb hwn i brofi nad yw'r meddwl ôl-Fodernaidd yn nihilaidd o raid:

> "For some, postmodernism suggests the death of God and the disappearance of religion, for others, the return of traditional faith, and for still others the recasting of religious ideas."[14]

Yn wir, oni bai fod gennym sylfaen grefyddol i fywyd, ni fyddai dim o'n blaen ond yr hyn a ddisgrifiwyd gan yr Archesgob George Carey fel "a bleak and despairing relativism."[15] Caiff ei ofnau eu cadarnhau gan Marshall Berman:

> "All of modern life seems uniformly hollow, sterile, flat, 'one-dimensional', empty of human possibilities: anything that looks or feels like freedom or beauty is really only a screen for more profound enslavement and horror."[16]

Dyna ddatganiad nihilaidd os bu un erioed!

Dim ond peryglon y mae'r Cristion Efengylaidd David Wells yn gweld yn y meddwl Ôl-Fodernaidd. Ofna'i bod hyd yn oed yn bygwth cyrraedd at wreiddiau'r ffydd Efengylaidd ei hun. Mae'n lleisio'i bryder yn ddi-flewyn-ar-dafod:

> "That confessional evangelicalism began to be superseded by a form of evangelicalism that was transconfessional in the late 1970s, both in England and in the United States, may be a coincidence. Certainly, the diminished influence of the earlier biblically focused English evangelicalism in America in the 1980s was a significant development, yet whether it was, by itself, large enough to account for the internal transformation that has occurred here is doubtful. What does seem to be clear is that, by whatever route and for whatever reasons, America now finds in its midst a form of evangelicalism that is both comfortable in its diversity and quite at home in the undercurrents of post-modernism."[17]

Mae David L. Edwards yntau yn cydnabod bod bwlch llydan rhwng y neges Gristnogol a'r meddwl cyfoes. Nid tyfu'n anffasiynol a wnaeth Cristnogaeth, meddai, ond yn anghredadwy.[18]

Y cwestiwn i ni yw sut yr ydym i ymateb i hyn oll? Un posibilrwydd, wrth gwrs, yw peidio ag ymateb o gwbl, ond canlyniad anochel hynny fyddai ein bod yn ein hynysu'n hunain yn llwyr oddi wrth y diwylliant cyfoes gan wrthod wynebu problemau sy'n cymaint ran o brofiad pobl heddiw. Dyna'r rhybudd amserol sy'n cael ei leisio gan Graham Cray, Prifathro Coleg Ridley Hall, Caergrawnt:

> "We do have the opportunity to minister to those bewildered by change, but if we become just the cities of refuge for those who cannot cope with the inevitable then we will be marginalised for the purposes of God in our culture within a generation."

Â rhagddo i ddisgrifio ein hargyfwng heb flewyn ar dafod:

> "When the world changes it is not the church that notices first. In fact the serious danger is that the church just becomes the refuge place of those who cannot cope with the changing world and it becomes relevant to a smaller and smaller minority."[19]

Un sydd wedi ceisio ymdopi â phroblem credu o fewn y sefyllfa gyfoes yw'r gwyddonydd ac athronydd o Hwngari, Michael Polanyi,[20] ac y mae'n werth mynd yn ôl at ei waith. Apelia arnom i gymryd realiti ffydd o ddifrif. Dyma fframwaith pob meddwl, meddai, a dylem ystyried ffydd yn arwydd o gryfder ac nid o wendid:

> "We must now recognise belief once more as the source of all knowledge. Tacit assent and intellectual passions, the sharing of an idiom and of cultural heritage, affiliation to a like-minded community; such are the impulses which shape our vision of the nature of things on which we rely for our mastery of things. No intelligence, however critical or original, can operate outside such a fiduciary framework."[21]

Fe berthyn i ffydd, yn ôl Polanyi, elfennau gwrthrychol a goddrychol. Fel hyn y dywed:

"The process of examining any topic is both an exploration of the topic and an exegesis of our fundamental beliefs in the light of which we approach it; a dialectical combination of exploration and exegesis. Our fundamental beliefs are continuously reconsidered in the course of such a process, but only within the scope of their own basic premises."[22]

Weithiau gall darganfyddiad arbennig arwain gwyddonydd at ddarganfyddiadau eraill nad oedd wedi breuddwydio amdanynt cyn hynny. Yn wir â Polanyi gam ymhellach a dadlau bod chwilio am yr ateb i unrhyw broblem yn awgrymu bod rhyw batrwm neu gytgord yno yn aros i gael ei ddarganfod.

Ffordd arall o ddechrau ymateb fyddai trwy ddychwelyd at yr elfen o atebolrwydd sydd wrth wraidd Cristnogaeth. Yn rhy aml caiff crefydd ei darlunio fel math o therapi rad i'r unigolyn, heb osod arno unrhyw un o'r dyletswyddau sy'n dod yn sgil perthyn i'r *gymdeithas* Gristnogol. Pen draw'r syniad hwn yw'r gred mai cyfrwng i'n galluogi i'n helpu ein hunain yw crefydd, rhyw "fix" sydyn fel y medrwn gymryd gafael ar ein bywyd. Ni allai dim fod ymhellach o galon yr efengyl Gristnogol sy'n ein dysgu na fedrwn wneud dim drosom ein hunain, ond bod y cyfan o ras Duw a'n bod yn derbyn cynhaliaeth wrth dderbyn maeth o fywyd yr eglwys ac oddi wrth ysbrydoledd y traddodiad Cristnogol. Mae syniadaeth ôl-Fodernaidd yn caniatáu i rywun wylio geiriau a delweddau crefydd fel petai mewn cadair freichiau'n gwylio lluniau'n gwibio heibio ar sgrîn. I ryw raddau rydym i gyd wedi dysgu ymdopi â'r darluniau dychrynllyd a welwn ar sgrîn y teledu o wahanol rannau o'r byd trwy'n troi ein hunain i ffwrdd, gadael i'r cyfan olchi trosom, neu edrych ar ddigwyddiadau sy'n ymagor o flaen ein llygaid fel petaem yn gwylio drama nad yw mewn gwirionedd yn cyffwrdd â'n bywyd ni. Dywed y ddysgeidiaeth Gristnogol wrthym, ar y llaw arall, ein bod yn atebol i'r hyn yr ydym yn ei weld a'i glywed, ac y mae'n ein herio i ymateb a gweithredu. Ni all Cristnogaeth fodloni ar y ddelwedd yn unig: rhaid i sylwedd y ffydd gyffwrdd â ni.

Y tebyg yw y byddai ôl-Foderniaeth wedi aros yn rhyw fath o chwilen academaidd ym mhen ambell i Ffrancwr oni bai i ddatblygiadau diweddarach mewn meysydd eraill gynnig cyd-destun newydd i'w syniadau. Yn y maes gwleidyddol, yn arbennig yn Ffrainc a'r Almaen, tyfodd poblogrwydd yr adain-dde newydd a syniadau neo-Natsïaidd, gan roi hygrededd newydd i rybudd Lyotard a Foucault bod pob system fawr yn ormesol yn y bôn. Mewn gwyddoniaeth cafodd syniadau chwyldroadol ym meysydd cosmoleg a geneteg gryn gyhoeddusrwydd nes rhoi ysgytwad arall i hunan-hyder dyn a pheri iddo amau eto fyth y gred sylfaenol honno bod ei fywyd rhywfodd o bwys a bod pwrpas i'w fodolaeth ar y ddaear. At y meysydd hynny y trown ein sylw'n awr.

NODIADAU

1. Basil Willey, *The Eighteenth Century Background*, London, argr. 1972, Pen. 2.
2. Gweler ymdriniaeth lawn a diddorol Alwyn Prosser yn ei ysgrif "Diddordebau Lleyg Williams Pantycelyn", *Llên Cymru*, 3, 1954-55, tt.201y.
3. Jürgen Habermas, "Modernity – an Incomplete Project", yn P. Brooker (Gol.), *Modernism/Postmodernism*, Essex, 1992, t.125.
4. Ond sylwer hefyd ar ddadansoddiad R. Tudur Jones, *Ffydd ac Argyfwng Cenedl – Hanes Crefydd yng Nghymru, 1890-1914*, Cyf. 1 a 2, Abertawe, 1981 a 1982. Mae ef yn olrhain y dadrithiad hwn yn ôl i ddiwedd y ganrif ddiwethaf.
5. Gweler ysgrif Gwenallt yn y gyfrol *Credaf*, J. E. Meredith (Gol.), Aberystwyth, 1943, tt.52y.
6. Ar y pwynt hwn, gweler yn arbennig Lesslie Newbigin, *The Other Side of '84*, London, 1983, t.16.
7. Rhoddir mynegiant i hyn yn nofelau Irvine Welsh, er enghraifft *Trainspotting, Acid House ac Ecstasy*.
8. Jean-François Lyotard, "Answering the Question: What is Post-modernism?", yn P. Brooker (Gol.), *Modernism /Postmodernism*, Essex, 1992, t.150.
9. Gweler ysgrif John Rowlands, "Chwarae â Chwedlau" yn *Y Traethodydd*, CLI, Rhif 636, Ionawr 1996.
10. Trafodir y pwynt hwn yn helaethach gan Lesslie Newbigin yn *Proper Confidence*, London, 1995, tt.34y.
11. Ymadrodd o eiddo Camilla Page; dyfynnir yn erthygl Iwan Russell-Jones, "Her y Cyfoes", yn y cylchgrawn *Cristion*, Rhifyn 75, (Mawrth/Ebrill 1996), t.4.

12. M. P. Gallagher, S. J., *Clashing Symbols*, London, 1997, tt.88-90.
13. Gweler uchod, tt.19-20.
14. "Reframing postmodernisms" gan Mark C. Taylor yn *Shadow of Spirit, Postmodernism and Religion*, P. Berry ac A. Wernick (Goln.), London, 1992.
15. Gweler ei ysgrif "Faith and Postmodernism" yn y cylchgrawn *The Tablet*.
16. Marshall Berman, "The Twentieth Century: the Halo and the Highway", yn P. Brooker (Gol.), *Modernism/Postmodernism*, Essex, 1992, tt.78-9.
17. David Wells, "On Being Evangelical", yn *Evangelicalism*, Noll, Bebbington a Rawlyk (Goln.), Oxford, 1994.
18. David L. Edwards, *What is Real in Christianity?*, 1972.
19. Dyfynnir yn y cylchgrawn *Ewch*, Rhif 119, Gorffennaf-Medi 1996, Gol. Aled Edwards.
20. Yn ei gyfrol *Personal Knowledge* a gyhoeddwyd yn 1958 dadleuodd Polanyi mai ffydd yw man cychwyn ymchwiliad ym mhob maes, a chychwynnodd o'r un safbwynt yn *The Tacit Dimension* (London,1967).
21. *Personal Knowledge*, t.267.
22. *Ibid.*, t.267.

4

COSMOLEG

"Gwelir ôl llaw Duw yn y manylion"
(Albert Einstein)

"Yn y dechreuad creodd Duw y nefoedd a'r ddaear. Yr oedd y ddaear yn afluniaidd a gwag, ac yr oedd tywyllwch ar wyneb y dyfnder, ac ysbryd Duw yn ymsymud ar wyneb y dyfroedd" (Genesis 1: 1-2).

Sut y byddwn ni'n dehongli geiriau cyntaf y Beibl heddiw? Byddai rhai'n honni eu bod yn perthyn yn unig i chwedloniaeth cenhedloedd sydd wedi hen ddiflannu, a dim mwy na hynny. I'r rheini, darlunio mabinogi'r byd y maent, gan ddangos bod llaw ddwyfol wedi creu'r cyfan sydd o'n hamgylch. Dywed eraill mai myth sydd yma, yn ystyr gorau'r gair hwnnw, sef darlun nad yw'n llythrennol wir ynddo'i hun, ond sy'n cyfleu gwirionedd mawr yr un fath. Mae yna rai Cristnogion a fyddai'n dadlau dros wirionedd llythrennol pob gair o benodau cyntaf Genesis, ond lleiafrif yw'r rheini erbyn hyn. Ond hyd yn oed os ydym yn gwrthod ystyried y darlun fel un llythrennol wir, nid yw hynny'n lleihau fawr ddim ar ein hanawsterau. Erys y cwestiwn: "Sut y mae cysoni'r *gwirionedd* sy'n cael ei gyfleu trwy gyfrwng y darlun â'r hyn y mae'r 'Ffiseg Newydd' (Ffiseg Newydd mewn cyferbyniad â Ffiseg Glasurol Newton) yn ei ddysgu inni heddiw?" Ar y gorau mae honno'n niwtral, ond yn gyffredinol nid oes lawer o le yn strwythurau gwyddoniaeth ar gyfer unrhyw syniad o Grëwr, na hyd yn oed

53

foment o greu. Mae gan Genesis ei stori i'w hadrodd am y modd y daeth popeth i fod, ac y mae gan y gwyddonydd cyfoes ei stori yntau. A oes modd cysoni'r ddwy stori, neu o leiaf eu darllen ochr yn ochr â'i gilydd heb fod un yn gwneud nonsens o'r llall?

Un o egwyddorion sylfaenol y traddodiad Iddewig-Gristnogol yw mai Duw yw creawdwr a llywodraethwr pob peth, a bod y cyfan a wnaeth yn dda yn ei olwg. Yr athrawiaeth honno sy'n cael ei hadlewyrchu yn llawer o'r Salmau:

"Pan edrychaf ar y nefoedd, gwaith dy fysedd,
y lloer a'r sêr, a roddaist yn eu lle,
beth yw dyn, iti ei gofio,
a'r teulu dynol, iti ofalu amdano?
Eto gwnaethost ef ychydig islaw duw,
a'i goroni â gogoniant ac anrhydedd." (Salm 8: 3-5)

"Y mae'r nefoedd yn adrodd gogoniant Duw,
a'r ffurfafen yn mynegi gwaith ei ddwylo." (Salm 19: 1)

"Y mae afon a'i ffrydiau'n llawenhau dinas Duw,
preswylfa sanctaidd y Goruchaf.
Y mae Duw yn ei chanol, nid ysgogir hi;
cynorthwya Duw hi ar doriad dydd." (Salm 46: 4-5)

Hyn sy'n rhoi ystyr i'n bodolaeth, gan blannu ynom y sicrwydd bod trefn y tu ôl i bopeth. Os yw'r drefn honno'n aneglur inni ar hyn o bryd, fe ddaw ateb rhyw dro i holl ddirgelion bywyd. Caiff hyn ei ategu yn araith fawr y Crëwr ym mhenodau olaf llyfr Job:

"Ble'r oeddit ti pan osodais i sylfaen i'r ddaear?
Ateb, os gwyddost...
Ble'r oeddit ti pan oedd sêr y bore i gyd yn llawenhau,
a holl feibion Duw yn gorfoleddu?" (Job 38: 4,7)

A thrachefn ym mhregeth Paul yn Athen:

"Gwnaeth ef hefyd o un dyn bob cenedl o ddynion, i breswylio ar holl wyneb y ddaear, gan bennu cyfnodau ordeiniedig a therfynau eu preswylfod" (Actau 17: 26).

Mae'n ddigon naturiol i'r meddwl meidrol holi sut y daeth popeth i fod, ac wrth gwrs ni fydd yn fodlon wedi iddo gael yr ateb i'r cwestiwn hwnnw. Bydd am fynd ymlaen i ofyn "Pam?" - Pam fod yna rywbeth yn hytrach na dim? Y tu ôl i'r cwestiwn hwnnw mae yna ragdybiaeth ynghylch ystyr bywyd – neu ei ddiffyg ystyr.

A derbyn mai myth, yn ôl y diffiniad uchod, yw penodau cyntaf Genesis yn hytrach nag adroddiad gwyddonol, y tebyg yw mai ei benthyg a wnaeth yr Iddew oddi ar y Babiloniaid yn ystod cyfnod y Gaethglud yn y chweched ganrif C.C. Ei chymhwyso a'i defnyddio i'w ddibenion ei hun a wnaeth, er mwyn pwysleisio'r gwirionedd mawr mai un Duw sydd. Ceir yr un pwyslais ym mhenodau olaf proffwydoliaeth Eseia, gwaith y "Trydydd Eseia", sy'n perthyn i gyfnod yr Adferiad:

> "Ni fydd dy eilunod o unrhyw les iti;
> pan weiddi, ni fyddant yn dy waredu.
> Bydd y gwynt yn eu dwyn ymaith i gyd,
> ac awel yn eu chwythu i ffwrdd.
> Ond bydd y sawl a ymddiried ynof fi
> yn meddiannu'r ddaear,
> ac yn etifeddu fy mynydd sanctaidd." (Eseia 57: 12-13)

Y neges yw mai Duw yn unig a alwodd bopeth i fod, a'i fod wedi gosod trefn ar ei holl waith am fod ganddo bwrpas i'r cyfan:

> "Yr oeddent i geisio Duw, yn y gobaith y gallent rywfodd ymbalfalu amdano a'i ddarganfod; ac eto nid yw ef nepell oddi wrth yr un ohonom." (Actau 17:27).

Roedd rheswm arbennig, felly, gan awduron yr Hen Destament dros ddefnyddio'r hen stori yn y ffordd hon a'i thaflu'n ôl i'r Dechreuad. Am fod yr Iddewon yn paratoi i ddychwelyd o Fabilon, roedd yn rhaid sicrhau eu bod yn gadael ar eu hôl bob arlliw o grefyddau'r Babiloniaid. Yr her i ni yw ystyried sut y medrwn ddal gafael yng ngwirionedd y darlun heddiw mewn oes anghrediniol. Mae'r awduron Beiblaidd yn cydnabod eu bod wyneb yn wyneb â dirgelwch, a'r ffordd orau i roi mynegiant i ddirgelwch yw trwy symbolau.

Mae Montefiore yn dyfynnu geiriau sy'n taro'r hoelen ar ei phen, geiriau'r diwinydd cyfoes o Rwsia, Alexandr Men, a gafodd ei lofruddio gan luoedd Marcsaidd yn 1990:

" 'In the beginning, God created heaven and earth . . .' These words of Scripture are not the statement of a scientific fact: they proclaim a revelation, they speak of the miracle of creation which related the Absolute to the contingent in a manner which we cannot comprehend. The language of the first chapter of Genesis is the language of myth, in the most elevated and sacred sense of that word. The picture, the image, the symbol, which replace the abstraction, are the way of expressing this which faith requires and which is inherent in the language of all religions.

"The intuitive vision which underlies a myth anticipates, so often by several centuries, the development of scientific knowledge. To understand the myth we ought to take account not of their transitory envelope but their essence, their heart."[1]

Taith trwy Amser

Er mwyn deall yr hyn y mae ffisegwyr cyfoes yn ei ddweud wrthym am natur a chychwyniad y cyfanfyd, dylem gychwyn ein taith gydag Isaac Newton (1642-1727). Cyhoeddodd ei *Principia* yn 1687, ac i bob pwrpas hwnnw oedd gwerslyfr sylfaenol peirianwyr NASA yn Cape Kennedy pan oeddent yn paratoi'r rocedi i yrru dyn i'r lleuad yn 1969! Prif amcan Newton oedd esbonio'r grym sy'n cyfrif am gylchdro'r planedau o amgylch yr haul, a'r ymchwil hwnnw a barodd iddo ddyfeisio fformiwla i esbonio disgyrchiant, a'i berthynas â grymoedd eraill. Ar y pryd roedd ei ddamcaniaeth yn chwyldroadol, a bu'n gyfrwng i ddeall llawer ar ein system galactig. Serch hynny, gadawodd lawer o broblemau ar ei ôl, a mynd ar drywydd rhai o'r rheini a wnaeth yr Almaenwr Albert Einstein (1879-1955).

O 1904 (blwyddyn y Diwygiad!) ymlaen dechreuodd Einstein ddatgelu ffrwyth ei ymchwil, ac felly y daeth cosmoleg fodern i fod. Trodd Einstein ddamcaniaeth Newton â'i phen i lawr trwy ddangos nad grym yw disgyrchiant, ond ffactor sy'n perthyn i'r cyfrwng y mae corff yn syrthio trwyddo: hynny yw, i'r gofod ei hun. Sylweddolodd hefyd nad yw'r gofod yn syth – mae'n gwyro neu'n plygu: sylw a gafodd ei gadarnhau yn ystod clips llawn o'r haul yn 1919. Darganfu na all dim deithio'n gynt na goleuni, ac y mae'r cyflymder hwnnw o hyd yr un fath: dyma'i Ddamcaniaeth Arbennig ar Berthnasedd. Wrth astudio rhai o baradocsiau natur, dywedodd fod llaw Duw i'w gweld yn y manylion.

Eisoes roedd yr Abad Georges Lemaître (1894-1966), cosmo-legydd o wlad Belg, wedi paratoi'r ffordd ar gyfer damcaniaeth y Glec Fawr trwy ddisgrifio cychwyniad y cyfanfyd fel wy yn torri (er mai Syr Fred Hoyle fu'n gyfrifol am fathu'r term "Big Bang" yn ddiweddarach. Yn 1950 dywedodd yn ddirmygus am rai oedd yn coleddu'r fath syniad bod eu damcaniaeth yn swnio'n debyg i ferch mewn parti yn neidio allan o gacen pen blwydd!) Gyda'i delesgôp arbennig cadarnhaodd Edwin Hubble yn 1929 bod Lemaître ar y trywydd iawn, gan gadarnhau ar yr un pryd ei awgrym bod y bydysawd yn dal i ymestyn. Trwy ganfod effaith ymbelydredd meicro-don yn llenwi'r bydysawd dadleuodd eraill bod adlais o'r ffrwydrad cyntaf i'w glywed o hyd yn y gofod. Gosodwyd carreg sylfaen arall i gosmoleg gyfoes yng ngwaith J. Robert Oppenheimer o America, a dorrodd dir newydd gyda'i astudiaeth o sêr sy'n darfod ac yn llosgi allan. Camu i mewn i'r ymchwil hwnnw a wnaeth ffisegydd ifanc o'r enw Stephen Hawking yn 1962.

Gobaith Hawking pan ddaeth i Gaergrawnt oedd y byddai'n astudio o dan un o ffisegwyr enwocaf y cyfnod, sef Fred Hoyle, ond nid oedd hynny'n bosibl. Yn lle hynny, bu'n astudio o dan Dennis Sciama. Y broblem oedd bod Sciama, fel Hoyle, yn credu yn namcaniaeth y "cyflwr sefydlog", sef nad oes na dechrau na therfyn mewn amser i'r bydysawd. Credai Hoyle fod y bydysawd yn ei gynnal ei hun trwy greu mater newydd yn barhaus, a hynny ar hap. Dadleuai Hawking, ar y llaw arall, fod y bydysawd yn parhau i ymestyn. (Erbyn hyn mae safbwyntiau'r ddau wedi dod yn agosach at ei gilydd.) Yng nghwmni Roger Penrose datblygodd ei syniadau enwog am "dyllau du": hynny yw, na all seren sydd wedi crebachu y tu hwnt i ryw bwynt ail-ymestyn byth. Bydd yn troi i mewn arni ei hun gyda dwysedd eithriadol, nes bod ei holl rym wedi ei ganoli o fewn gofod bychan iawn. Wedi cyrraedd y cyflwr hwnnw fe ddigwydd "singularity", lle y bydd gofod ac amser yn peidio â bod, a holl ddeddfau ffiseg yn troi'n ddi-rym. "Onid felly yr oedd popeth yn y dechreuad?" oedd cwestiwn nesaf Hawking.

Yn y cyfamser roedd eraill yn astudio'r ymbelydredd meicro-don sydd yng nghefndir y bydysawd, sef effeithiau'r ffrwydrad cychwynnol sydd i'w canfod o hyd. Mae rhai yn honni bod arsylwadau o'r fath yn mynd â ni'n ôl at yr eiliadau cyntaf. Byddai wedi cymryd rhyw dri munud o'r pwynt cychwynnol hwnnw i niwclei ymffurfio, yna ymhen amser fydysawd tebyg i'r hwn rydym ni'n ei adnabod, ond ei fod yn dryloyw. Cymerodd bymtheg biliwn o flynyddoedd i droi pelen o ynni yn gartref inni.

Ers y saith-degau mae cosmoleg wedi tyfu'n bwnc pur boblogaidd, a llawer o'r damcaniaethau uchod wedi eu cadarnhau gan arsylwadau diweddarach. Daeth astudiaethau yn ymwneud â chychwyn pethau yn brif faes diddordeb Hawking ers tro, ac yn 1975 cynigiodd y Fatican Fedal y Pab Pius XI iddo am ymchwil gwyddonol, ac fe'i derbyniodd. Erbyn hynny roedd y Fatican wedi deall pwysigrwydd hybu ymchwil i ddechreuad y bydysawd, ac ni allai'n hawdd wadu gwerth damcaniaeth Hawking o gofio mai'r *Abad* Lemaître oedd wedi cynnig yr esboniad hwn yn y lle cyntaf! Yn 1992 aeth y Fatican gam ymhellach a chynnig ymddiheuriad i Galileo!

Bellach mae Hawking wedi symud oddi wrth y syniad bod yna foment gychwynnol y gellir damcaniaethu yn ei chylch. Yng nghwmni Jim Hartle o Galiffornia mae'n dadlau na ellir dweud pa fath o amodau oedd yn bod cyn y dechreuad. Ni fedrwn gymryd mwy nag un cam yn ôl ar y tro, meddant. Gellir astudio sut y mae'r bydysawd wedi datblygu o fewn ffiniau amser, ond cwestiynau i fetaffiseg yw'r gweddill. Ar derfyn ei lyfr *A Brief History of Time*[2] mae Hawking yn egluro oblygiadau hyn. Petai'n bosibl inni bennu eiliadau cychwynnol a "singularities', a ffrwydrad mawr a fu'n gyfrifol am ddatblygiad popeth wedyn, yna gallem ddweud fod gan Dduw ryddid ar y cychwyn i benderfynu beth oedd i ddigwydd a pha bryd. Ond os yw'r bydysawd wedi ei gynnwys yn gyfan gwbl ynddo'i hun, heb derfynau na phwynt cychwynnol y gallwn wybod amdano, yna doedd ganddo ddim rhyddid i ddewis y cyflwr cyntaf. Wrth gwrs, byddai ganddo'r rhyddid i ddewis y deddfau yr oedd y bydysawd i ufuddhau iddynt, ond ni fyddai hynny mewn gwirionedd yn fawr o ddewis.

Yna mae Hawking yn mynd rhagddo i ofyn, "Beth sy'n anadlu tân i mewn i ymchwiliadau'r gwyddonydd: beth sy'n peri bod yna fydysawd i'w astudio?" Fan hyn mae'r model mathemategol a gwyddonol yn torri i lawr, ond bu gwyddonwyr yn rhy brysur yn datblygu damcaniaethau newydd ynghylch beth yw'r bydysawd i ymboeni ynghylch y cwestiwn *pam*. Ar y llaw arall mae'r bobl sydd i fod i ofyn y cwestiwn hwnnw wedi methu â chadw i fyny ag ymchwil gwyddonol. Fel y gwelsom o'r blaen[3] roedd meddylwyr y ddeunawfed ganrif yn ymwneud â'r cwestiynau hyn yn eu cyfanrwydd. Eu ffordd hwy o wynebu her gwyddoniaeth newydd y cyfnod oedd llunio Cristnogaeth "Resymol". Y cwestiwn i ni yw, I ble'r ydym ni am fynd yn awr? Oni ddaeth yn bryd inni adfer y bartneriaeth ac ystyried unwaith eto sut y mae'r ddwy stori yn ymdoddi i'w gilydd? Petaem yn llwyddo i wneud hynny, medd Hawking, fe fyddem yn gwybod meddwl Duw:

> "However, if we do discover a complete theory, it should in time be understandable in broad principle by everyone, not just a few scientists. Then we shall all, philosophers, scientists and just ordinary people, be able to take part in the discussion of the question of why it is that we and the universe exist. If we find the answer to that, it would be the ultimate triumph of human reason – for then we would know the mind of God."[4]

Un gwyddonydd cyfoes sydd yn sicr wedi pontio'r agendor rhwng y ddwy ddisgyblaeth yw John Polkinghorne, a fu'n Athro Ffiseg Fathemategol ym Mhrifysgol Caergrawnt, ac sydd bellach yn Offeiriad Anglicanaidd. Gall gwyddoniaeth ateb y cwestiynau hynny sydd o fewn ei thiriogaeth, meddai, a gall diwinyddiaeth yn yr un modd ymdrin â'i diddordebau ei hun yn ôl ei dull o ddeall pethau. Ac eto, nid ydynt yn gwbl ar wahân. Yng ngeiriau Einstein, "Mae crefydd heb wyddoniaeth yn ddall, ac mae gwyddoniaeth heb grefydd yn gloff." Tasg diwinyddiaeth yw ateb y cwestiynau "uwch" sy'n codi o fyd gwyddoniaeth, ond nad ydynt yn benodol yn gwestiynau gwyddonol. Ar y llaw arall tasg gwyddoniaeth yw dweud wrth ddiwinyddiaeth sut le yw'r byd ffisegol, a rhoi brêc weithiau ar ddamcaniaethu di-sail. Er enghraifft, mae gwyddoniaeth wedi datgelu rhyw ddeallusrwydd trawiadol yn rhan o wead y cyfanfyd fel y mae. Nid prawf o fodolaeth Duw yw cydnabod hynny, ond mae'n cynnig ffordd o edrych ar bethau sy'n gyson â ffordd y crediniwr o wneud. Ar y llaw arall, rhaid i wyddoniaeth ffrwyno diwinyddiaeth, ac y mae Polkinghorne yn manylu ar dri maes lle y mae'n bwysig i hynny ddigwydd: yn ein dealltwriaeth o'r dechreuad, y diwedd, a'r cydbwysedd sydd i'w ddiogelu rhwng anghenraid a siawns yn natblygiad y bydysawd.

Hap a Damwain?

Erys cwestiwn siawns heb ei gyffwrdd gennym. Mae damcaniaeth Cwantwm wedi dangos inni nad ydym i ddeall cyfansoddiad mater mwyach yn nhermau rhyw fath o beli bach, a'r rheini'n annibynnol ar ei gilydd, ond yn hytrach yn nhermau cyd-ddibyniaeth a pherthnasedd pethau â'i gilydd. Dywed wrthym fod dirgelwch yng nghalon y cosmos, ac wrth i ddyn ei astudio mae'n ymestyn ei feddwl ac yn ehangu ei syniad o'r hyn sy'n bosibl. Nid dealltwriaeth statig Newton sydd gennym mwyach o'r bydysawd ond un sy'n arddangos twf a datblygiad. Ar ben hynny nid yw'r bydysawd bob amser yn ymddwyn mewn ffordd gyson; mae yna bethau na ellir mo'u rhagweld. Hyn sydd wedi arwain ffisegwyr cyfoes i wadu gosodiad Einstein: "Nid yw Duw yn chwarae deis â'r bydysawd." Dwy ganrif yn ôl gallai'r athronydd Ffrengig Laplace ddadlau y dylai fod yn haniaethol bosibl rhagweld pethau am fod popeth yn y bydysawd yn dilyn deddfau sefydlog. Athroniaeth benderfyniadol *(deterministic)* oedd eiddo Laplace, ond bellach y mae ffisegwyr yn derbyn mai tebygolrwydd ac nid rheidrwydd sydd wrth wraidd popeth. Fel y gwelwn eto yn y bennod nesaf, yr elfen gref o siawns mewn bywyd yw un o'r problemau mwyaf sy'n wynebu'r crediniwr heddiw.

Ystyriwn ddwy ddameg gyfoes.[5] Yn gyntaf, dychmygwch eich bod yn cerdded ar draws America o un pen i'r llall. Rydych wedi cychwyn ers i'r ddaear gael ei ffurfio ac yn amcanu at gyrraedd y pen arall wrth i'r haul farw. Trwy gydol y daith hon, rhaid i bob cam gymryd dwy fil o flynyddoedd. Dim ond tri neu bedwar cam fyddai'n cynrychioli'r cyfan o hanes a gofnodwyd. Yn ail, rhowch farblen ar y ddaear, a tharo pin i mewn tua dwy lath oddi wrthi. Gadewch i'r farblen gynrychioli'r haul, a bydd y pin yn dangos safle'r ddaear. Yn awr cerddwch oddi wrth y ddau am tua 250 o filltiroedd – y pellter o Fangor i Lundain – a dyna pryd y byddwch wedi cyrraedd y seren agosaf at yr haul yn y model hwn o'r bydysawd. Y tu hwnt i'n bydysawd ni a'i glwstwr o sêr mae galaethau eraill, a biliynau o gyrff nefol. Cwestiwn agored, pur ddadleuol ar hyn o bryd yw hwnnw sy'n ymwneud â'r posibilrwydd o fywyd ar blanedau eraill. Mae nifer cynyddol o wyddonwyr yn credu y gallai ffurfiau afrifed ar fywyd fodoli mewn bydoedd eraill, a chanlyniadau pob dewis a fu'n bosibl erioed fodoli yn rhywle. Ond hyd y gwyddom yn awr dyma'r unig blaned lle y mae'r amgylchiadau i gynnal bywyd yn union iawn. Siawns? Cyd-ddigwyddiad? Neu a ydym am ddweud gyda Schiller: "Tu draw i'r sêr, rhaid bod cariad tad"?

Ysbryd Duw

Credwn fod Duw uwchlaw'r tymhorol - "cymylau amser" - a thu allan iddo: mae'n dragwyddol. Deallwn bellach fod amser ei hun yn rhan o'r hyn a grewyd, ac na ellir mynd yn ôl y tu hwnt i'r hyn y medrwn arsylwi arno. Nid dau beth ar wahân i'w gilydd mo gofod ac amser, ond un peth ydyw: sef "gofod-amser". (Yn hyn o beth roedd Awstin Sant yn bur agos i'w le pan ddywedodd fod amser yn rhan o greadigaeth Duw: creodd Duw y cyfanfyd, meddai Awstin, nid *in tempore*, sef o fewn terfynau amser, ond *cum tempore*, ynghyd ag amser.) Nid yw'n bosibl tynnu gwahaniaeth yng waith Duw rhwng *creu a chynnal*, ac y mae'r darlun Beiblaidd o'i ysbryd yn "symud ar wyneb y dyfroedd", yn hofran dros yr hyn sydd hyd yma'n "afluniaidd a gwag", a "thywyllwch ar wyneb y dyfnder", yn magu cyfoeth newydd o ystyr. Buom yn edrych o'r blaen ar gred y Deistiaid, sef bod y bydysawd fel peiriant mawr, a phopeth wedi ei osod yn ei le gan Dduw; neu fel wats a gafodd ei llunio a'i weindio gan y Crëwr ac yna'i gadael i redeg tan ddiwedd amser.

Cafodd y syniadau statig hynny eu chwalu gan ffiseg fodern: corff byw yw'r bydysawd nid peiriant, ac wrth iddo ddatblygu mae wedi arddangos mwy a mwy o gymhlethdod.

"Duw, cariad yw", medd yr adnod gyntaf inni ei dysgu erioed (I Ioan 4:8,16). Hanfod pob cariad yw'r awydd i rannu ac i greu. Duw felly sy'n pefrio trwy dudalennau'r Beibl, nid Bod disymud, dideimlad. Mae athrawiaeth y Drindod yn rhagdybio proses o gyfnewid cariad o fewn i'r Bod dwyfol. Un felly yw Duw: Bod sydd a'i natur yn gariad, ac sydd am fynegi'r cariad hwnnw trwy gynnal y cyfanfyd. Mae darlun Gwenallt yn ein dwyn yn agos at y gwirionedd hwn:

"Nid meudwy mud, iogïaidd ydyw Ef
Mewn myfyr uwch Ei fogail mawr Ei hun;
Na mathemategwr yn niwl y Nef
Yn datrys symiau goruwchnaturiol dyn...
Efe ydyw Ef; a chariad yn Ei fron
Fel berw ymhlith Ei holl feddyliau i gyd . . ." [6]

"Ysbryd yw Duw", medd geiriau'r *Rhodd Mam* wrthym, ac y mae'r gair Ysbryd yn air sy'n pontio, yn dwyn i'n meddyliau meidrol y syniad o Dduw yn ymestyn tuag atom yn ei holl weithgaredd – yn creu, yn cynnal ac yn cadw. Mewn astudiaeth arloesol, mae'r Athro G.W.H.Lampe yn archwilio holl oblygiadau credu yn y Duw sy'n Ysbryd.[7] Mae'n Dduw sy'n weithredol yn ei berthynas â'i holl greadigaeth, meddai, ac ar waith bob amser, ymhob man yn y bydysawd ac ym mywydau pobl. Nod a diben ei holl weithgarwch yw ymgyrraedd tuag atom. A defnyddio ymadrodd Keith Ward, mae Duw yn cynnal ei gyfanfyd yn barhaus, ac oherwydd hynny mae pob moment yn foment o greu.[8] Fe ddylai'r hyn sydd gan ffiseg gyfoes i'w ddysgu wrthym am dwf a datblygiad y cyfanfyd, am ddirgelion a chyd-ddigwyddiadau bywyd, ychwanegu at ein rhyfeddod yn wyneb y cyfan. Wedi ystyried oed a maint aruthrol y bydysawd, a'r tiwnio manwl iawn yr oedd angen ei wneud ym mhob cyfnod yn ei ddatblygiad er mwyn creu'r amgylchiadau iawn i gynnal bywyd ar y blaned hon, rhaid cytuno â Voltaire a ddywedodd ein bod yn byw "yn y byd gorau posibl".

Mae llawer o Gristnogion, yn ogystal â rhai gwyddonwyr, yn

barod i goleddu egwyddor Gaia.[9] Mae hon yn cynrychioli adwaith llwyr yn erbyn syniadau lleihaol ("reductionist") gwyddonwyr yn gyffredinol oherwydd ei bod yn pwysleisio cyd-ddibyniaeth pob rhan o natur ar ei gilydd. Damcaniaeth gyfannol neu holistaidd ydyw, sy'n honni bod holl systemau'r bydysawd wedi datblygu mewn perthynas â'i gilydd er mwyn cynnal bywyd. Felly, ni ddylid astudio rhan o unrhyw broses neu ddatblygiad rhai rhyw-ogaethau'n unig heb eu gosod o fewn cyd-destun y cyfan. Ar un ystyr mae Gaia yn gymorth inni weld ôl llaw Crëwr a threfn ragluniaethol y tu ôl i bob peth, ond ar y llaw arall mae'r syniadaeth mor gyffredinol ac annelwig nes bod yna berygl iddi ein harwain y tu hwnt i sylfeini'r "Ddiwinyddiaeth Werdd" at syniadau eithafol yr Oes Newydd.

Os oes cwestiynau mawr yn wynebu'r Cristion a'r diwinydd heddiw, mae llawer ar ôl i'r gwyddonydd eu hateb yn ogystal. Prin ei fod wedi dechrau eu hateb, dim ond cynnig damcaniaethau, a'r rheini'n cael eu haddasu a'u newid yn wyneb pob goleuni newydd. Cred Martin Rees bod 90% o'r bydysawd yn parhau'n ddirgelwch inni. Y galaethau yw blociau adeiladu'r bydysawd. Sut y cafodd y rheini eu dosbarthu, a sut a pha bryd y cafodd mater ei ffurfio? Deil y bydysawd i ymestyn, ond ŵyr neb i sicrwydd pa mor gyflym nac am ba hyd y bydd hynny'n dal i ddigwydd eto. Ai effeithiau parhaol y ffrwydrad cychwynnol ynteu rym disgyrchiant yn arafu'r broses fydd gryfaf yn y pen draw? Mwyaf yn y byd yr ydym yn dod i'w wybod am ddechreuad a natur pethau, pellaf yn y byd y mae'r "ddamcaniaeth lawn" honno y sonnir cymaint amdani yn dianc o'n gafael. Pam fod rhaid inni feddwl bod bydysawd sy'n llawn damweiniau a chyd-ddigwyddiadau yn cau allan y syniad o Dduw cariadlon? Mae ein cred Gristnogol yn dweud wrthym mai creaduriaid ag ewyllys rhydd ydym, ac nid yw gwyddoniaeth gyfoes yn gwneud dim ond ategu hynny trwy ddangos inni bod llawer o fyd natur hefyd yn anwadal. Ychydig iawn o le y mae'n rhoi inni gredu mewn anghenraid a rhag-ordeiniad. Ym mhob cyfnod yn natblygiad y bydysawd gellid tynnu sylw at bethau oedd yn rhwystro dibenion y Crëwr. Ac eto dywed ein ffydd wrthym hefyd bod Duw yn medru agor posibiliadau newydd o hyd, a'i fod yn gweithio er daioni trwy ddigwyddiadau dinistriol bywyd. Mae'r balans hwnnw rhwng anghenraid a siawns yn hanfod ein bywyd. Yng ngeiriau'r ffisegydd Paul Davies:

". . . through science, we human beings are able to grasp at least some of nature's secrets. We have cracked part of the cosmic code. Why this should be, just why *Homo sapiens* should carry the spark of rationality that provides the key to the universe, is a deep enigma . . . I cannot believe that our existence in this universe is a mere quirk of fate, an accident of history, an incidental blip in the great cosmic drama . . . Through conscious beings the universe has generated self-awareness. This can be no trivial detail, no minor byproduct of mindless, purposeless forces. We are truly meant to be here."[10]

Ceir adlais yng ngeiriau Davies o'r ddamcaniaeth *anthropig*, a gafodd ei chynnig gyntaf gan y ffisegydd Niels Bohr (1885-1962). Hon yw'r gred bod yn rhaid i amodau bydysawd fod yn ffafriol i gynnal bywyd deallus a fydd yn ymwybodol o'i amgylchfyd ac yn gallu nodi ei briodoleddau. Yn ymarferol, golyga hyn fod dyn yn rhan hanfodol o'r cyfanfyd, ac mae hynny yn ei dro'n cryfhau'r ddadl bod ystyr i'r bydysawd. A gosod y peth yn ei ffurf fwyaf eithafol, sef athroniaeth solipsiaeth, yn ôl y ddamcaniaeth hon ni ellir yn rhesymegol sôn am fodolaeth unrhyw ffenomenon oni bai ei bod yn cael ei nodi. Er enghraifft, a yw'n gwneud synnwyr dweud bod sŵn cerddoriaeth yn dod o'r organ oni bai bod rhywun yn ei glywed, neu bod goleuni'n dod o'r lamp oni bai bod rhywun yn medru ei weld?[11] Ar hyd yr un llinellau byddai'r Cristion am ddadlau bod dirgelion y cyfanfyd wedi eu dwyn ynghyd ym meddwl Duw, a bod Duw wedi gosod o fewn dyn y gallu i sylwi arnynt, ymchwilio iddynt, a myfyrio uwchben eu harwyddocâd dyfnaf. Byddai elfen felly o ymwybyddiaeth a deallusrwydd yn creu cylch o berthynas rhwng y cyfanfyd, dyn a Duw, ac yn cadarnhau lle dyn fel coron ac uchafbwynt pob bywyd. Y cwestiwn yw a ydym mewn gwirionedd yn unigryw, ai ynteu'n ddim mwy na rhan o batrwm a datblygiad cyffredinol bywyd yn ei gyfan-rwydd? At y cwestiwn hwnnw y trown yn awr.

NODIADAU

1. Dyfynnir yn H. Montefiore, *Credible Christianity*, London, 1993, t.25.
2. Stephen Hawking, *A Brief History of Time*, London, 1988.
3. Gweler uchod tt.38-42.
4. *Ibid*. t.193.
5. Addasiad o gyfrol y seryddwr brenhinol, Martin Rees, *Before the Beginning: Our Universe and Others*, London, 1996, sy'n arolwg eang a darllenadwy o gosmoleg gyfoes.
6. Ei gerdd "Duw" yn Gwreiddiau, Aberystwyth, 1960, t.96.
7. G. W. H. Lampe, *God as Spirit*, Oxford, 1977, t.61.
8. Keith Ward, *God, Chance and Necessity*, Oxford, 1996. t.79.
9. Ceir crynodeb teg o ddamcaniaeth Gaia yng nghyfrol Montefiore, *Credible Christianity*, tt.30-31.
10. Paul Davies, *The Mind of God*, Penguin, 1992, t.232.
11. Cymharer teitl ysgrif a ymddangosodd yn y cylchgrawn *Physics Today*, Ebrill 1985: "Is the Moon there when Nobody Looks?"

5

DARWIN A'I DDILYNWYR

Gadewch inni ddechrau trwy ystyried dau ddyfyniad. Richard Dawkins, y swolegydd, biau'r ddau ohonynt. Daw'r cyntaf o'i gyfrol *The Selfish Gene*: "Mae pob ateb i'r cwestiynau 'Beth yw dyn?' a 'Beth yw pwrpas ei fodolaeth?' a roddwyd *cyn* 1859 yn gwbl ddiwerth, ac i'w anwybyddu'n llwyr." O'i gyfrol *River Out of Eden* y daw'r llall: "Darwin a'm gwnaeth yn anffyddiwr." Beth oedd yna yng ngweithiau Darwin i ennyn teimladau mor gryf mewn pobl? Cyn inni gloriannu dylanwad parhaol Darwin, a'r diddordeb newydd yn ei waith sy'n cael ei awgrymu gan yr enw "Darwiniaeth Newydd", byddai'n werth bwrw golwg i ddechrau dros ei hanes a'r hyn a ysgrifennodd ef ei hun.

Yn 1844 cyhoeddwyd llyfr dienw yn dwyn y teitl *Vestiges of the Natural History of Creation*. Bu llawer o ddyfalu ynghylch ei awduraeth, ac ymhen blynyddoedd wedyn datgelwyd mai Sgotyn o'r enw Robert Chambers oedd biau'r gwaith.[1] Ynddo, roedd Chambers yn honni bod arolwg o'r gwyddorau ffisegol a biolegol yn ei arwain at y casgliad bod y cyfan o natur yn ddarostyngedig i un ddeddf gyffredin. Nid oedd yn amau gwaith Duw yn creu popeth, ond yn hytrach y farn gydnabyddedig ynghylch sut y daeth pethau i fod. Trwy ddeddf unffurf natur y daeth yr holl ryw-ogaethau i fod, meddai. Ychydig o sylw a gafodd gwaith Chambers, yn bennaf oherwydd mai amatur ydoedd. Nid oedd yn wyddonydd, ac felly ni allai gynnig unrhyw dystiolaeth dros ei ddamcaniaeth. Mewn canlyniad roedd gwyddonwyr ei ddydd yn wfftio ato ac yn amharod i'w gredu. Ond nid oedd hyn ond tawelwch o flaen y storm, a phan ddywedodd Darwin rywbeth tebyg bymtheg mlynedd ar ôl Chambers fe siglodd y byd Cristnogol i'w sylfeini – o leiaf yn yr ynysoedd hyn.

Ganed Charles Darwin yn Amwythig yn 1809, ac yn 1831, yn fuan wedi iddo raddio yng Nghaergrawnt, cychwynnodd ar daith o amgylch y byd ar fwrdd llong y *Beagle*. Parodd y fordaith bum mlynedd, a'i fwriad oedd astudio bywyd naturiol. Cafodd gyfle i gasglu swm anferth o wybodaeth fel naturiaethwr, yn arbennig yng ngwledydd ac ynysoedd De America. Bu'r dystiolaeth hon yn gymorth mawr iddo pan ddaeth i ddatblygu ei ddamcaniaeth ar esblygiad bywyd, ond cyhoeddodd ffrwyth ei astudiaethau gyntaf yn *The Voyage of the Beagle* yn 1839. Yn 1858 cafodd gefnogaeth naturiaethwr arall, Cymro o'r enw Alfred Wallace o Fryn Buga yng Ngwent. Roedd sylwadau Wallace yn pwyntio i'r un cyfeiriad ag eiddo Darwin, ac yn wir roedd ei gyfraniad i *The Origin of Species*, a gyhoeddwyd yn 1859, yn sylweddol fwy nag sy'n cael ei gydnabod yn gyffredinol. Fel y dywedwyd eisoes, doedd syniadau Darwin a Wallace ddim yn syfrdanol o newydd, ond y gwahaniaeth rhyngddynt a Chambers oedd bod ganddynt bentwr o dystiolaeth fiolegol i gefnogi eu dadleuon.

Y ddamcaniaeth oedd bod pob rhywogaeth fyw wedi esblygu o ychydig iawn o ffurfiau syml ar fywyd, a hynny trwy broses o ddewisiad naturiol. Ni allai Darwin dderbyn bod esblygiad dyn fel rhywogaeth fiolegol wedi ei rheoli gan bŵerau oedd yn sylfaenol wahanol i'r rhai oedd yn rheoli ffurfiau eraill ar fywyd. Credai fod proses esblygiad wedi digwydd trwy ddewisiad naturiol wrth i natur ffafrio'r rhywogaethau neu unigolion hynny oedd yn fwyaf addas ar gyfer eu hamgylchfyd. Dim ond y rhai oedd yn medru addasu ar gyfer newidiadau yn eu hamgylchfyd a allai oroesi, ac felly trwy gyfres maith o addasiadau neu dreigladau dros gyfnod hir o amser y datblygodd ffurfiau mwy cymhleth ar fywyd. Dadleuodd nad oedd yn bosibl bod creaduriaid wedi cael eu patrymu ar brototeipiau, a phob un yn hanfodol wahanol i'r llall. A chymryd bod bywyd wedi ymddangos gyntaf tua phedair biliwn a hanner o flynyddoedd yn ôl, fel y gwyddom erbyn heddiw, byddai hynny wedi digwydd mewn ffurfiau elfennol iawn. Dynoliaeth yw'r newydd-ddyfodiad ar wyneb y ddaear, a gellir olrhain ei hynafiaid agosaf ym myd yr epa i gyfnod tua phum miliwn o flynyddoedd yn ôl. A gosod ei ddamcaniaeth yn noeth, mae bywyd – pob bywyd – yn ysglyfaeth i bŵerau sydd nid yn unig yn amhersonol a damweiniol, ond yn sicrhau goroesiad y cryfaf yn unig. Yr hyn sydd wedi cymeradwyo damcaniaeth Darwin i wyddonwyr uwchlaw popeth arall yw ei symlrwydd trawiadol.

Afraid dweud bod yr hyn yr oedd Darwin yn dadlau drosto'n tanseilio'r gred mai dynoliaeth oedd campwaith creadigaeth Duw. Nid yn unig yr oedd hyn yn gwneud unrhyw ddarlleniad llythrennol o ddechrau Genesis yn amhosibl, ond roedd iddo oblygiadau ehangach o lawer i'r holl athrawiaeth Gristnogol. Doedd yna ddim modd osgoi'r ffaith mai pen draw rhesymeg Darwin oedd bod y ddynoliaeth yn tarddu o bŵerau naturiol amhersonol, ac nid o weithred uniongyrchol Duw personol. Daeth yr holl athrawiaeth Gristnogol dan warchae: sut y gellid credu mwyach bod y ddynoliaeth rhywfodd yn arbennig yng ngolwg Duw, a hithau wedi disgyn trwy gyfres o ddamweiniau naturiol i fod yr hyn ydoedd? P'le'r oedd hyn oll yn gadael athrawiaeth y Cwymp, a'r gred bod Mab Duw wedi dod yn ddyn ac wedi marw dros y ddynoliaeth oherwydd ei bod wedi ei chreu i fwynhau cymundeb tragwyddol â Duw?

Nid yw'n hawdd i ni heddiw amgyffred y sioc a achosodd hyn oll i grefydd gysurus y bedwaredd ganrif ar bymtheg ac i ffydd pobl yn eu Beibl, ond mae'n bwysig gosod llyfr Darwin yn ei gefndir yn syniadaeth Gristnogol y cyfnod. Eisoes roedd y crediniwr wedi gorfod ymateb i ddaeareg a'r ffosiliau oedd wedi eu darganfod. Roedd y rhain yn cynnwys her amlwg i gronoleg yr Hen Destament. Yna roedd y Feirniadaeth Feiblaidd a gyrhaeddai o'r Cyfandir yn fwy o fygythiad fyth yn ei olwg. Felly, hyd yn oed cyn 1859 roedd Cristnogion yn teimlo'u bod yn amddiffyn eu ffydd ar sawl ffrynt. Yn ôl Basil Willey roedd pob arbrawf newydd, pob darganfyddiad newydd mewn ffisioleg neu anatomeg, pob ffosil, arysgrif neu lawysgrif yn amddifadu'r Cristion o un erthygl arall yn ei ffydd seml.[2] Mae Owen Chadwick yn dadlau[3] mai Darwin a fu'n bennaf gyfrifol am yr anffyddiaeth oedd wedi datblygu yn Lloegr erbyn ddiwedd y ganrif ddiwethaf. I ystyried y sefyllfa yng

Nghymru ni raid ond troi at gyfrolau R.Tudur Jones, ac fe welir ei fod yntau hefyd yn olrhain y trai yn nylanwad y ffydd ar ein cenedl nid i gyfnod y Rhyfel Byd Cyntaf, fel y gwna rhai, ond i ddiwedd y bedwaredd ganrif ar bymtheg:

"O ganolbwyntio ar hanes Cymru fodern, mae lle cryf i amau fod y chwarter canrif rhwng 1890 a 1914 yn drobwynt mwy argyfyngus yn ei hanes nag y tybiai pobl ar y pryd . . . Oherwydd o 1890 ymlaen yr oedd y gymdeithas gymharol unffurf gydag unrhywiaeth gadarn ei diwylliant Cymraeg yn dechrau troi'n gymdeithas amryfath."[4]

Yr Adwaith

Er hyn i gyd roedd yr adwaith gyntaf i Darwin yn chwyrn. Mae Alec Vidler yn ymhelaethu ar yr adwaith yn Lloegr[5] tra bod Harri Williams yn ei Ddarlith Davies, *Duw, Daeareg a Darwin*,[6] yn rhoi darlun llawn a manwl inni o'r ymateb yng Nghymru. Efallai bod yr adwaith gynnar wedi ei chrynhoi orau yng ngweddi rhyw glerigwr o Sais: "O Lord, grant that this evolution be not true, but if it is, grant that it may be hushed up as far as possible".

Gellid crynhoi'r prif wrthwynebiad i Darwin trwy ddangos ei fod yn ymosod ar y ffydd mewn tair ffordd: yn gyntaf, roedd ei syniadau'n her i'r gred bod cynllun dwyfol y tu ôl i'r greadigaeth. Siawns oedd egwyddor sylfaenol Darwiniaeth. Yn ail, roedd yn her i urddas dyn, am nad oedd ganddo safle arbennig mwyach yng ngolwg Duw. Pa wahaniaeth oedd yn cael ei gydnabod mwyach rhwng dyn ac anifail? A beth am le'r enaid mewn dyn? Yn olaf, roedd yn her bellach i wirionedd llythrennol yr Ysgrythur. Ar yr ail bwynt uchod, mae Harri Williams yn dyfynnu ambell gyfeiriad cellweirus at Ddarwiniaeth, megis y sylw hwn o waith Gweinidog ymhlith yr Annibynwyr, John Peter, neu Ioan Pedr fel y'i geilw ei hun:

" Tybiwch fod Adda, neu yn iaith achyddol y dyddiau hyn, Ap Epa, neu Monkeyson (canys ni phenderfynwyd eto pa un ai Cymro ynteu Sais oedd ein cyndad cyffredin) . . ."

A'r un modd John Jones, Pwllheli, a ddywedodd yn 1882 (y flwyddyn y bu farw Darwin) fod y gwyddonwyr yn honni nad yw hanes dyn

"mor fonheddig ac urddasol ag y tybid unwaith . . . mai y *mushroom* yw ei dad – mai'r pryf yw ei fam – mai'r aderyn yw ei chwaer, ac mai'r mwnci, y *gorilla*, a'r *baboon* ydyw ei annwyl frodyr! Pa fodd y tywyllodd yr aur! Dyma ei goron ar unwaith yn syrthio oddi ar ei ben, ac yntau am byth yn gorfod ffarwelio â'i fawredd a'i fonedd cyntefig!"[7]

Wrth i'r ganrif fynd rhagddi, mae'n amlwg bod y gwrthwynebiad i Darwin wedi dofi cryn dipyn, a bu sawl ymgais i gymathu syniadau'r gwyddonydd â'r gred Gristnogol a Beiblaidd draddodiadol. Yn Lloegr sefydlwyd Urdd Sant Mathew yn 1877 i roi cyfle i glerigwyr ddod at ei gilydd i drafod oblygiadau'r syniadau gwyddonol hyn i'w ffydd, ac roedd crefyddwyr blaenllaw fel F. J. A. Hort a Charles Kingsley'n barod i weld rhinweddau yn y ddamcaniaeth. O 1888 ymlaen (y flwyddyn y cyhoeddwyd ei gofiant, chwe blynedd ar ôl ei farw) cafodd Darwin ei gefnogwyr yng Nghymru hefyd, fel y dengys tudalennau'r *Traethodydd*. Mor gynnar â 1872 roedd Ioan Pedr yn fodlon amddiffyn llawer o syniadau Darwin, ac y mae'n gwneud hynny mewn ysbryd rhyfeddol o eangfrydig. Dengys ei fod wedi mynd i'r afael â phrif egwyddor Darwiniaeth trwy awgrymu bod digon o dystiolaeth bod Duw o'r dechreuad yn creu rhywogaethau newydd yn barhaus: "Nid yw seithfed dydd ei orffwys wedi gwawrio eto", meddai, a thystiolaeth y Beibl yw y gall Duw "roddi bywyd newydd yn ei waith, a pheri iddo ymddatblygu'n raddol at berffeithrwydd." Fel y dengys y cyfeiriad olaf hwn, roedd elfennau mewn Darwiniaeth a oedd yn apelio at ysbryd yr oes a chred y bedwaredd ganrif ar bymtheg yng nghynnydd dyn. Er syndod, efallai, mae Ioan Pedr yn gofyn ar ddiwedd ei erthygl:

"Y cwestiwn yw, nid a yw damcaniaeth ymddatblygiad *yn gyffredinol* yn safadwy, ond a yw'r arweddiad neilltuol ohoni a gynigir gan Mr. Darwin felly."

Mae'n derbyn y naill ond yn gweld gwendidau'r llall. Gan hynny, dywed:

"Dichon y cyfyd rhyw ail Ddarwin ryw dro i ddarganfod gwir ddamcaniaeth y greadigaeth. Os felly gallwn fod yn sicr y bydd honno'n berffaith gyson â'r Datguddiad Dwyfol" (Harri Williams, t.69).

Mae hyn yn bur arwyddocaol, ac yn dangos erbyn diwedd y ganrif yng Nghymru fod damcaniaeth Darwin wedi ennill ei phlwyf yn gyffredinol. Tra bod rhai diwinyddion yn amau a oedd digon o sail *wyddonol* iddi, doedden nhw ddim yn gweld y gallai fod sail *ddiwinyddol* dros ei gwrthod!

Yn ôl Dr. Tudur Jones, ychydig o sylw a gafodd erthygl flaengar Ioan Pedr ymhlith Annibynwyr Cymraeg. Er hynny dengys Harri Williams ei fod wedi sefydlu tair egwyddor o bwys, sy'n para'n berthnasol mewn unrhyw drafodaeth o'r fath: yr angen am ysbryd goddefgar a chwrtais, ynghyd â thrafodaeth resymol o boptu; mai profion gwyddonol sydd i gyfrif ar faterion gwyddonol; y gall Duw weithredu, nid yn uniongyrchol, ond trwy gyfryngau, neu "ail achosion".[8]

Y gwir amdani yw nad oedd Darwin erioed wedi bwriadu'r *Origin* i fod yn waith dadleuol, gwrth-grefyddol. Yn ŵr ifanc roedd ei fryd ar y Weinidogaeth, nes iddo droi'n anffyddiwr mewn canlyniad i'w waith ymchwil. Er hynny, daliodd hyd ddiwedd ei oes fod cwestiynau ynghylch yr achosion cyntaf yn para'n ddirgelwch llwyr. Roedd ymhell o goleddu safbwynt lleihaol llawer o'n gwyddonwyr cyfoes, a'u portread o fywyd mewn dull cwbl syml, moel a di-enaid. Gallai ddifyrru ei blant am oriau fin nos yn adrodd am y rhyfeddodau a welodd ar ei deithiau, ac roedd yn loes calon iddo ei fod wedi sigo ffydd ei ferch. Mewn mannau y mae ei arddull yn bur delynegol, ac mae'n sensitif iawn ynghylch y cwestiynau y mae'n eu codi. Dywed ar ddechrau ei gyfrol enwog mai awgrymu yr oedd, nid honni ei fod wedi profi dim yn derfynol – dim ond bod y ddamcaniaeth hon yn ffitio'r dystiolaeth a gasglodd yn well na'r un arall. Mae'n arwyddocaol fod hyd yn oed ei feirniaid pennaf yn ei edmygu fel gwyddonydd manwl, ac yr oedd swm y dogfennau a'r gyfeiriadaeth y tu ôl i'r *Origin* bron yn anhygoel. Wrth gloriannu'r cyfan dywed:

"There is grandeur in this view of life, with its several powers, having been originally breathed into a few forms or into one; and that, whilst this planet has gone cycling on according to the fixed law of gravity, from so simple a beginning endless forms most beautiful and most wonderful have been, and are being, evolved."[9]

Gallai nifer o ddiwinyddion a phregethwyr y cyfnod ddweud "Amen" i sentiment Darwin, megis A.J.Mason o Gaergrawnt a ddywedodd na ddylem adael i'r syniadau newydd hyn ein llorio, ond yn hytrach eu troi'n gyfrwng i ddarganfod mwy o reswm nag erioed i addoli Duw am ei allu a'i ddoethineb. Yn ei gyfrol *The Descent of Man*, a gyhoeddodd yn 1871, mae Darwin yn ein hannog i gofio nid yn unig allu aruthrol dyn, ond hefyd yr ochr ddychrynllyd sy'n perthyn iddo.

Pur wahanol oedd tôn dau o ladmeryddion pennaf Darwin, sef John Tyndall a T. H. Huxley. Yr enw a roddid ar Huxley oedd "ci-tarw Darwin", ac yn 1872 dadleuodd mewn darlith i'r Gymdeithas Brydeinig, darlith a ddaeth yn enwog trwy Ewrop gyfan, y byddai gwyddonwyr cyn bo hir yn medru rhoi esboniad cyflawn ar fywyd dyn a chreadigaeth y byd mewn termau cwbl faterol. Credai fod twf gwyddoniaeth yn golygu tranc crefydd, ac ef a wnaeth enw Darwin yn adnabyddus i'r werin trwy Brydain. Wrth edrych ar ddysgeidiaeth y Beibl am y Creu ochr yn ochr â damcaniaeth Darwin, dywedodd am y gyntaf: "It was a beautiful theory, killed by an ugly fact."

Neo-Ddarwiniaeth

Cynnig damcaniaeth a wnaeth Darwin oedd yn arwain at y casgliad mai dewisiad naturiol yw *prif* achos esblygiad rhywogaethau. Hawlia'r Darwiniaid Newydd mai dyna'r *unig* achos, a'r unig esboniad ar fywyd yn ei holl ffurfiau – o'r rhywogaethau symlaf i'r rhai mwyaf cymhleth. Trengodd llawer rhywogaeth yn ystod y daith, oherwydd mae natur yn wastraffus iawn. (Oni ddysgodd Iesu hynny yn Nameg yr Heuwr?) Mater o siawns oedd yr holl broses. Mae natur yn ddall: hap a damwain llwyr fu pob newid a threiglad a ddigwyddodd trwy broses esblygiad. Ceir eironi bwriadol yn nheitl un o gyfrolau Richard Dawkins: *The Blind Watchmaker*. Dwy ganrif yn ôl roedd athronwyr Cristnogol yn hapus iawn i ddisgrifio gwaith y Crëwr yn nhermau rhywun yn cynllunio wats ac yn ei gadael wedyn i redeg yn y sicrwydd y byddai'n cadw amser perffaith. Heddiw, mae'r gwyddonydd yn dadlau mai pŵer natur sy'n rheoli popeth, a bod hwnnw'n bŵer dall.

Caiff hyn ei danlinellu yng ngweithiau'r biolegydd o America, Stephen Jay Gould, sy'n awdur pur doreithiog a phoblogaidd. Ar un ystyr mae'n cynnig adwaith iach yn erbyn y safbwynt lleihaol pur oherwydd bod ei ddisgrifiadau o fywyd dynol yn adlewyrchu ei ddiddordebau eang ei hun ac yn cynnwys holl ddiwylliant dyn a'i grefydd. Er hynny mae'n awyddus i daro ar ei ben o'r cychwyn cyntaf unrhyw syniad bod amcan neu bwrpas i dreigl natur. Nid yw'n fodlon chwaith ystyried bod dyn yn goron neu uchafbwynt proses esblygiad:

> "What transition could be more profound than 'created in God's image to rule a young world of stable entities made for our delectation' to 'a fortuitous twig, budding but yesterday on an ancient and copious bush of ever changing, inter-related forms'." [10]

Byddai credu bod treigladau natur yn arwain at ryw ddaioni uwch yn methu holl bwynt Darwin, meddai. Dyna setlo Ioan Pedr a holl gyfranwyr *Y Traethodydd* ag un ergyd! Ar ben hynny, nid rhywogaethau sy'n brwydro am barhad, ond unigolion. Mae natur nid yn unig yn ddall ond yn hunanol hefyd.

Nid oes modd osgoi'r pwyslais ar y cyfuniad hwn o anghenraid a siawns sy'n sylfaen i Ddarwiniaeth, a dyma asgwrn y gynnen heddiw rhwng y crediniwr o Gristion a'r gwyddonwyr hynny sy'n anghredinwyr. Ond rhaid mynd y tu ôl i'r broblem honno a gofyn, "Beth a olygir wrth siawns?", oherwydd yn aml bydd hyd yn oed y gwyddonwyr eu hunain yn camddeall ei gilydd ar y pwynt hwnnw. Er enghraifft, dywedodd Dawkins yn ei Ddarlith Dimbleby am 1997:

"However many ways there are of being alive, it is certain that there are vastly more ways of being dead" – (h.y., "peidio â bod"?).

Mae Hoyle ac eraill wedi dadlau yn erbyn Dawkins bod yr holl elfennau o siawns mewn Darwiniaeth yn debyg i ddweud y gallai corwynt chwythu trwy iard sgrap a digwydd bod yn ddigon pwerus i daflu Boeing 747 at ei gilydd. Ateb Dawkins yw:

"What Hoyle and others are missing is that Darwinism is *not* a theory of random chance. It is a theory of random *mutation* and *non-random* cumulative natural selection (*Climbing Mount Improbable*, t.66).

Dyma'r pethau y mae Keith Ward yn mynd i'r afael â hwy yn ei gyfrol *God, Chance and Necessity.*[11] Nid yw'n cael trafferth derbyn egwyddor sylfaenol Darwiniaeth, sef esblygiad. Y cwestiwn yw a ydyw *proses* esblygiad yn gwbl ddall, fel y mae rhai yn haeru, ynteu a ellir canfod cynllun yn gweithio trwy'r broses sy'n awgrymu trefn rhagluniaeth ddwyfol inni? Mentra Ward ddadlau'n bendant dros yr ail ddewis. Ei fan cychwyn yw'r gosodiad bod y gwyddonydd yn mynnu darganfod rheswm dros bopeth. Er enghraifft, pam fod dŵr yn berwi wedi i'w wres gyrraedd rhyw bwynt arbennig? Yn yr un modd mae'r gwyddonydd yn ymchwilio i bob ffenomenon arall nes iddo fynd â ni'n ôl i gychwyniad pethau. Ond yna, wedi iddo gyrraedd y fan honno, mae'n dweud, "Does yna ddim rheswm o gwbl am hyn. Fe ddigwyddodd, a dyna ni." Mae'n od, meddai Ward, fod yna reswm dros bopeth ond y digwyddiad pwysicaf un, sef yr hyn a roddodd fod i bopeth arall.

Mwy nag unwaith mae Dawkins wedi cyhuddo crefyddwyr o godi mur o amgylch ymchwil gwyddonol gan ddweud, "Hyd yma yr ei, a dim pellach." Yn awr, medd Ward, pe byddai'r cyhuddiad hwnnw'n dal dŵr heddiw, yna byddai Dawkins yn llygad ei le yn gweld bai. Ond y gwir yw bod agwedd y Cristion, drwyddi draw, yn gwbl groes i hynny. Dweud y mae bod Duw wedi ein creu yn y fath fodd fel y medrwn ddeall a pharchu ei waith, a'i fod yn ein cymell i fynd rhagom i geisio'r gwirionedd gyda phob arf sydd yn ein meddiant. Nid oes unrhyw wrthdaro fan hyn rhwng ffydd a gwybodaeth, oherwydd mae mwy nag un ffordd o ddeall. Onid yw Gould yn gallu dotio, a hynny'n gwbl briodol, at holl gyraeddiadau'r meddwl dynol yn y pethau hynny sy'n unigryw iddo – y celfyddydau, a'r ymchwil am wirionedd moesol a harddwch mewn bywyd? Yn y pethau hynny mae yna ddirgelwch sy'n mynd â ni y tu hwnt i ddadansoddiad rhesymegol oer.

Gellid tynnu cymhariaeth trwy ystyried ymateb beirniad cerddorol yn mynd i gyngerdd, ochr yn ochr ag ymateb y gynulleidfa. Dadansoddi yw gwaith y beirniad, gwrando'n astrus er mwyn sicrhau bod pob nodyn yn gywir gan bob offeryn a'r cwbl yn cyd-symud â'i gilydd. I raddau helaeth mae yno i chwilio am fân feiau yn y cyflwyniad. Bydd wedi clywed y darn yn cael ei berfformio cannoedd o weithiau o'r blaen, ac felly bydd y wefr a deimla'r gynulleidfa wrth wrando ar y cyfanwaith yn mynd heibio iddo. Dyna'r gwahaniaeth rhwng boddhad y gwyddonydd dadansoddiadol wrth astudio natur yn ei manylder a rhyfeddod y crediniwr wrth sylwi ar harddwch y greadigaeth o'i amgylch yn ei chyfanrwydd. Dyfynnwyd eisoes frawddegau olaf Darwin yn *The Origin of Species*, a rhaid cadw mewn cof mai dim ond dadlau yr oedd Darwin bod esblygiad yn *rhan* o'r esboniad ar ddatblygiad bywyd yn ei holl gymhlethdod. Gall Ward ddweud "Amen" i hyn. Mae'r esboniad a rydd esblygiad yn rhagori ar esboniad y Creu, meddai, am yr union reswm bod esblygiad yn dangos datblygiad graddol, araf at y ffurfiau uchaf a mwyaf cymhleth ar fywyd:

"In many ways, the evolutionary account is more impressive, since the development of complex and integrated forms which can support consciousness and agency out of simple atomic elements suggests an immense and patient wisdom and a purposive guidance underlying the whole process . . . There is thus every reason to think that a scientific evolutionary account and a religious belief in a guiding creative force are not just compatible, but mutually reinforcing."[12]

Yn ail hanner ei gyfrol mae Ward yn nodi saith cyfnod allweddol yn esblygiad bywyd ar y ddaear, ac yn gwbl groes i safbwynt Dawkins a Gould, a nodir uchod, mae'n dadlau bod elfen o esgyniad a phwrpas yn hanfodol i'r cyfan. Yn wir, mae'n dangos bod diffyg rhesymeg yn y safbwynt lleihaol eithafol. Pwy yn ei iawn bwyll fyddai'n credu mai cynhyrchu ryseitiau yw pwrpas coginio, ac nad yw'r teisennau yn ddim byd mwy nag is-gynnyrch damweiniol a ddaeth i fod wrth gynhyrchu'r rysetiau? Mae rhywbeth mawr o'i le ar y fath resymeg, medd Ward! Daw i'r casgliad hwn:

> "Natural selection is a necessary but not a sufficient condition for emergent evolution." [13]

Ym meddwl Ward, os yw gwyddoniaeth yn dangos meddwl Duw, crefydd sy'n dangos calon Duw. Rhyngddynt maent yn cynnig ffordd greadigol, gyffrous o ddeall natur y bydysawd, a hyd yn oed rywbeth o'i ffynhonnell a'i nod.

Natur Ffydd

Yn ystod y ganrif hon mae Cristnogion wedi ymateb i her Darwiniaeth mewn ffyrdd tra gwahanol i'w gilydd. Un ffordd o ymateb yw ymwrthod â Darwin yn llwyr, a chadw gwyddoniaeth a chrefydd yn gyfan gwbl ar wahân i'w gilydd. Digwyddodd hyn yn America gyda llawer mwy o argyhoeddiad a grym nag a welwyd erioed yr ochr hon i fôr Iwerydd. Mae'r creadyddion nid yn unig yn cynrychioli carfan sylweddol ymysg Cristnogion adain-dde y wlad honno, ond hefyd yn ffurfio lobi wleidyddol rymus ym myd addysg. Mewn arolwg diweddar datganodd 40% o Americanwyr eu bod yn gwadu bod y ddynoliaeth wedi esblygu o rywogaethau is. Yn nhalaith Tennessee yn y 20-au llwyddwyd i wahardd dysgu Darwiniaeth yn yr ysgolion. Yn 1970 pasiwyd cyfraith i'r un perwyl yn Arkansas, ac er i honno gael ei dileu yn 1985, mae llawer o'i hetifeddiaeth yn aros. Yn Nhaleithiau'r De mae Darwiniaeth yn cael ei goddef heddiw, dim ond iddi gael ei chyflwyno i blant ysgol fel un ddamcaniaeth bosibl ymysg llawer. Yn 1972 yn America agorwyd y Sefydliad dros Ymchwil i'r Creu. Y Beibl yw'r unig werslyfr sydd gan ei aelodau ar gyfer eu gwyddor, ac maent wedi esgor ar sloganau fel: "Mae'n diddordeb ni yng Nghraig yr Oesoedd, nid Oesoedd y Creigiau"!

A yw hyn mewn difrif yn rhywbeth gwell nag adlais o weddi'r

clerigwr hwnnw, "Hush it up"? Ai ynteu oes yna wendidau sylfaenol yn y ddamcaniaeth Ddarwinaidd? Byddai rhai'n barod i ddadlau bod, a hynny ar sail y ffaith bod gormod o fylchau'n parhau rhwng y rhywogaethau: gormod o "ddolenni coll" heb eu hesbonio. Y broblem gyda hyn yw ein bod yn dychwelyd at "Dduw'r bylchau", tra bod biolegwyr yn prysur gau'r bylchau hynny gyda phob ffosil newydd sy'n cael ei ddarganfod.

Byddai eraill, wedyn, am fynd ar ôl tystiolaeth y ffosiliau gyda mwy o fanylder, gan ddadlau bod mwy o ansicrwydd nag sy'n cael ei gydnabod yn gyffredin ynghylch oed y creigiau a astudir a'r mesur o gysondeb sydd i'w ddisgwyl mewn colofnau daearegol. Yma eto mae'r genynnydd Steve Jones yn taro'n ôl trwy ddadlau nad oedd gan Darwin yn agos gymaint o dystiolaeth am ein hynafiaeth ni ag yr oedd ganddo ar gyfer creaduriaid eraill. Yn wir dyw'r *Origin* prin yn cyfeirio at esblygiad dyn. Ond bellach, meddai, mae'r glorian wedi symud, a gwyddom fwy am esblygiad dyn nag am unrhyw greadur arall.[14]

Y broblem gyda chau'n llygaid i'r chwyldro Darwinaidd yw un ai gyrru crefydd i'r ymylon, neu fod yn euog o bledio arbennig er mwyn cynnal ein hachos. Un ai rhaid i Dduw, yn rhinwedd ein diffiniad ohono, fod yn y cwbl, neu nid yw yno o gwbl. O ddiwedd y ganrif ddiwethaf hyd heddiw, bu eraill yn ceisio cymathu'r ddwy gred. Yn eu golwg hwy roedd dewisiad naturiol yn dangos ffordd Duw o ddwyn newydd-deb a chreadigrwydd i broses esblygiad, yn y gobaith, mae'n debyg, y byddai hynny'n arwain at ffurfiau mwy deallus ar fywyd ryw dro. Ond mae yna broblemau gyda hyn hefyd o gofio'r pwyslais llwyr ar siawns sydd mewn Darwiniaeth, o'i gymharu â chred sylfaenol y Cristion mewn patrwm a phwrpas. Fel y dywedwyd o'r blaen wrth ymdrin â Chosmoleg, pa fath o Dduw fyddai hwnnw sydd wedi colli pob rheolaeth dros ei fyd?

Yng ngweithiau Richard Dawkins, sy'n awdur a darlledwr medrus iawn, ceir swm enfawr o dystiolaeth dros esblygiad sy'n gwbl gyson ag egwyddorion Darwin. Yn anffodus mae Dawkins hefyd yn wrth-grefyddol hyd at eithafrwydd, ac ni fydd byth yn colli cyfle i ddilorni safbwynt ffydd. Yn hyn o beth mae ef ei hun mor gibddall a rhagfarnllyd â'r Cristnogion y mae'n honni ymateb iddynt. Gellid rhoi dwy enghraifft o hyn. Gofynnwyd iddo unwaith pam ei fod mor elyniaethus tuag at grefydd. Ei ateb oedd am fod man cychwyn y gwyddonydd a'r crefyddwr yn gwbl groes i'w gilydd: bydd y gwyddonydd yn edrych ar ddirgelwch ac yn dweud, "Mae yna ateb i hwn dim ond imi barhau i ymchwilio iddo", tra bod y crefyddwr yn dweud, "Dirgelwch ydyw, a rhaid bodloni ar yr hyn na ellir ei wybod." Yn hyn o beth mae'n ddisgybl ffyddlon yn nhraddodiad John W. Draper o'r ganrif ddiwethaf, a oedd yn argyhoeddedig bod gwrthdaro rhwng crefydd a gwyddoniaeth yn anochel:

"Faith is in its nature unchangeable, stationary; Science is in its nature progressive; and eventually a divergence between them, impossible to conceal, must take place."

Fel sydd wedi ei ddweud eisoes, ni allai dim fod ymhellach o'r gwir. Ar lawer ystyr mae'r Cristion hefyd am "dreiddio i'r adnabyddiaeth" a chwilio allan ddirgelion yr hyn y mae ef yn ei weld fel creadigaeth ryfeddol Duw. O'r traddodiad parchus hwn y cododd gwyddonwyr Cristnogol cyfoes fel John Polkinghorne a Paul Davies. Y briodas hon rhwng gwaith y gwyddonydd ac ymateb y diwinydd sydd fwyaf tebyg o gynnig inni ffydd ystyrlon, crefydd oleuedig a bywyd gwâr. Yn ail, mae Dawkins yn dangos anwybodaeth dybryd o'r safbwynt Cristnogol, oherwydd mae'n ymosod ar ddadleuon na fyddai neb ond y ffwndamentalydd mwyaf cul yn eu coleddu yn y lle cyntaf! Tuedda i gredu bod Cristnogaeth yn ei hanfod yn wrth-wyddonol a'i bod yn briodol cychwyn cenhadaeth yn ei herbyn. Mewn gwirionedd, byddai'n anodd gan lawer ohonom adnabod ein crefydd ni yn ei ddatganiadau, oherwydd *caricature* y mae'n ei gynnig yn hytrach na phortread cytbwys. Nid pawb fyddai am lynu at syniad statig o Dduw, ac y mae llawer o werth i'w weld yn narlun y diwinyddion "Proses"[15] o Dduw deinamig sydd mewn perthynas barhaus â'i fyd, a'r byd hwnnw'n newid yn gyson (rhyngweithiol, neu "interactive", yw'r term cyfoes). Y berthynas gynhaliol honno yw'r darlun gorau o'r Creu: perthynas sy'n parhau, ac nid wedi ei chyfyngu i un foment gychwynnol.

Yn y pen draw rhaid i Ddarwiniaeth sefyll neu syrthio ar dir gwyddonol, a chafodd hwb sylweddol iawn gyda datblygiad genynneg a bioleg foleciwlar, ac o'r meysydd hynny y daw'r her fwyaf heddiw nid yn unig i'r gred Gristnogol ond i'r foeseg hefyd.

NODIADAU

1. Ceir ymdriniaeth lawnach ar y cefndir yng nghyfrol Alec Vidler, *The Church in an Age of Revolution*, Penguin, 1971, t.112y.
2. Basil Willey, *Christianity Past and Present*, t.116.
3. Owen Chadwick, *The Victorian Church II*, London 1971.
4. R. Tudur Jones, *Ffydd ac Argyfwng Cenedl*, Abertawe, 1981,Cyf. 1, t.17,19.
5. *op.cit.*, t.117y.
6. Llandysul, 1979.
7. *Ibid.* t.71.
8. *Ibid.* t.70.
9. *The Origin of Species*. Dyfyniad o argr. Penguin, 1970, t.459-60.
10. Stephen J. Gould, *Dinosaur in a Haystack*, London, 1996, t.x.
11. Keith Ward, *God, Chance and Necessity*, Oxford, 1996. Mae'r paragraff hwn yn dilyn rhesymeg Ward.
12. *Ibid.* t.63.
13. *Ibid.* t.135-7.
14. *The Cambridge Encyclopaedia of Human Evolution*, Steve Jones, Robert Martin, David Pilbeam (Goln.), Cambridge, 1992. Ar dudalen 7y mae Jones yn tynnu sylw at y ffaith mai un frawddeg am ddyn a gyfansoddodd Darwin yn yr holl gyfrol *The Origin of Species*, sef: ". . . light will be thrown on the origin of man and his history" (mewn canlyniad i'w ddamcaniaeth). O bosibl nid oedd am ymhelaethu ymhellach ar y pryd oherwydd ei fod yn sylweddoli oblygiadau ei ddamcaniaeth, ond byddai ganddo fwy i'w ddweud nes ymlaen yn *The Descent of Man*.
15. Mudiad diwinyddol cyfoes yw Diwinyddiaeth Proses sy'n pwysleisio lle esblygiad yn y ddynoliaeth a'r byd. Am fod Duw mewn perthynas â byd sy'n newid, rhaid ei fod ef ei hun mewn proses o ddatblygiad. A. N. Whitehead a fathodd y term, a lladmerydd pennaf y syniad yw Norman Pittenger.

6

GENETEG

Y bennod wannaf yn *The Origin of Species* yw honno sy'n ymwneud ag etifeddeg ddynol. Roedd Darwin mewn penbleth ynghylch y cwestiwn pam fod plant yn aml yn debyg i'w rhieni, ac eto dro arall yn debycach i ryw berthynas bell. Ceisiodd ddod allan ohoni trwy awgrymu mai proses o asio sy'n gyfrifol. Credai fod yr hyn y mae'n ei alw'n "gemylau" yn cael eu trosglwyddo yng ngwaed y tad a'r fam, ac mai'r rheini sy'n cario gorchmynion ynghylch nodweddion arbennig. Rhaid iddynt gael eu hasio ynghyd o'r naill genhedlaeth i'r llall er mwyn sicrhau parhad y nodweddion hynny.

Peiriannydd o Sgotyn, gŵr o'r enw Fleeming Jenkin, oedd y cyntaf i weld y nam yn rhesymeg Darwin. Petai'r ddamcaniaeth yn gywir, byddai unrhyw nodweddion ffafriol yn cael eu glastwreiddio o'r naill genhedlaeth i'r llall, ac felly ni allai esblygiad weithio! At hynny, tynnodd cefnder Darwin, Francis Galton, sylw at y ffaith y dylai cwningen wen, o gael ei chroesi ag un ddu, esgor ar un frown pob tro, ond nid yw'n digwydd felly!

Bellach, wrth gwrs, fe wyddom nad proses o asio yw etifeddeg. Yn hytrach caiff genynnau eu trosglwyddo'n *ddigyfnewid* o un genhedlaeth i'r llall. Gall y nodweddion arbennig y maent yn eu cario ddod i'r golwg yn y genhedlaeth nesaf, neu gallant fethu sawl cenhedlaeth. Bydd unrhyw enyn sydd wedi ei ffafrio trwy broses dewisiad naturiol yn datblygu i ddod yn fwyfwy cyffredin, hyd yn oed os nad yw'r nodweddion y mae'r genyn hwnnw'n eu dwyn yn cael eu hamlygu ym mhob person sy'n ei gario.

Daeth y weledigaeth hon mewn canlyniad i waith ymchwil yr Abad Gregor Mendel, a oedd yn byw ym mynachlog Awstinaidd Brunn ym Morafia (Brno heddiw yng ngweriniaeth Tsiec) tua chanol y ganrif ddiwethaf. Dewisodd arbrofi gyda phlanhigion pys, a hynny am eu bod yn perthyn i rywogaeth gymharol syml, a nodweddion amlwg yn perthyn iddynt – megis lliw a siâp y pys, llyfnder neu grychni eu crwyn, ac ati. Daeth i ddeall bod pob ymgais flaenorol i ddeall etifeddeg wedi methu, a hynny am fod arbrofi gyda gwaed yn beth mor dwyllodrus. O gadw ei arbrofion yn syml, gwelodd ei fod yn medru cyfrif y nodweddion oedd dan sylw ganddo wrth groesi gwahanol fathau o bys â'i gilydd. Maes o law dechreuodd patrymau clir ymddangos, gyda'r nodweddion yr oedd yn edrych allan amdanynt yn cael eu trosglwyddo mewn ratio o 3:1 pob tro (er iddo gael ei gyhuddo'n aml o ffugio'r dystiolaeth!) Cyhoeddodd ffrwyth ei astudiaethau yn 1866, ond ni welodd neb oblygiadau ei waith tan 1900, pryd yr achosodd gynnwrf mawr ymhlith gwyddonwyr Ewrop. O fewn pum mlynedd roedd deddfau Mendel yn cael eu cymhwyso i deipiau dynol, a thrwy hynny cymerodd gwybodaeth gwyddonwyr am etifeddeg ddynol naid fawr ymlaen. Heb unrhyw amheuaeth Mendel sy'n cael ei gydnabod heddiw fel sylfaenydd geneteg fodern.

Yn anffodus, mae'n ymddangos na wyddai Darwin ddim am ymchwil Mendel, er fod y ddau'n gweithio ar hyd llinellau rhyfeddol o debyg i'w gilydd o fewn yr un cyfnod, ac roedd gan Darwin lyfr o waith Mendel yn ei lyfrgell. Dangosodd Mendel fod natur ar y naill law'n dilyn patrymau clir, ac ar y llaw arall yn amrywio dros gyfnod o amser wrth i newidiadau mân ddigwydd yn y genynnau yma a thraw ar ddamwain. Dyna gadarnhau yr union beth yr oedd Darwin wedi ei ddangos. Roedd geneteg wedi cynnig allwedd i ddatgloi dirgelion esblygiad, ac wedi ategu'r ddwy elfen sy'n rheoli treigl natur: anghenraid a siawns. Dros y blynyddoedd cafodd darganfyddiadau gwreiddiol Mendel eu datblygu a'u heangu nes gweld bod popeth, o liw hadau pys i wahaniaethau yn strwythur DNA a phroteinau, yn ufuddhau i'w ddeddfau ar etifeddeg ddynol. Cynigiodd batrwm i fiolegwyr wrth i ymchwil a darganfyddiadau newydd gynyddu'n gyflym hyd heddiw, gan esbonio pam fod perthynas arbennig rhwng pobl a'i gilydd, a chadarnhau'r un pryd ein perthynas agos â phob rhywogaeth fyw arall. Fel y dysgodd Darwin, yr un rheolau sy'n llywodraethu pob ffurf ar fywyd.

Treigladau

Yn gynnar yn yr ugeinfed ganrif canolbwyntiodd yr ymchwil ar *leoliad* y genynnau ac ar y *newidiadau* sy'n digwydd o'u mewn, a'r rheini i bob golwg heb reswm. Caiff y newidiadau hynny eu cario ymlaen wedyn, a dyna sy'n rhoi bod i dreigladau genynnol. Trwy gyfrwng gwaith Thomas Hunt Morgan o brifysgol Columbia yn Efrog Newydd ar ddechrau'r ganrif hon, daethpwyd i ddeall am fodolaeth cromosomau mewn celloedd, a bod y rhain yn ymrannu o'r naill genhedlaeth i'r llall. Yn ôl patrwm penodol dewisir pa nodweddion sydd i gael eu trosglwyddo yn y genynnau. Biocemegydd o'r Almaen o'r enw Miescher a gymerodd y cam nesaf. Wrth astudio'r gwahanol fathau o asid sydd i'w cael yn niwclews pob cell, daeth i'r casgliad mai'r asid niwcleig oedd y peth tebycaf o fod yn gyfrifol am gario'r genynnau, ac felly am etifeddeg. Mae proteinau wedi eu llunio o asidau amino – ugain math ohonynt i gyd – ac arweiniodd ymchwil Miescher ef i gredu bod y gyfrinach yn yr asid niwcleig. Gellir dosbarthu hwn eto'n ddau fath, sef RNA a DNA. Ceir RNA yn y niwclews a'r sytoplasm, a DNA yn y niwclews yn unig. Perthyn pedair uned i'r DNA, meddai, a hwn sy'n ei gopïo'i hun gan drosglwyddo gwybodaeth neu orchmynion o'r naill genhedlaeth i'r llall.

Americanwr o'r enw James Watson a Sais o'r enw Francis Crick, y ddau ohonynt yn gweithio yng Nghaergrawnt, a gynigiodd y darn sylweddol nesaf yn y jigso yn 1953. Bydd yr unedau sydd o fewn y DNA yn paru wrth atgynhyrchu, a llwyddwyd i sefydlu patrwm. Mae gweithgarwch y gell yn dechrau o fewn y niwclews: y DNA sy'n penderfynu ar yr RNA, a'r RNA sy'n gyfrifol am y protein. Dyna'r drefn, felly: mae'r genynnau wedi eu gosod ochr yn ochr â'i gilydd yn y gell, a chaiff côd y DNA ei ddarllen gan yr RNA, a hwnnw yn ei dro'n penderfynu ar drefn y gwahanol asidau amino yn y proteinau Ceir tair mil o filiynau o lythrennau côd DNA *ym mhob cell* yn y corff dynol – byddent yn mesur chwe troedfedd o hyd petaent i gyd yn cael eu gosod ochr yn ochr â'i gilydd! Weithiau bydd un rhan o'r côd yn newid, a hynny sy'n cyfrif am y treigladau gydag amser. Wedi penderfynu ar y map genynnol, ac arbrofi arno yn ystod y pum-degau, canfuwyd ei fod yn rhyfeddol o gyson.

Roedd tri chanlyniad pell-gyrhaeddol i'r ymchwil hwn. Yn gyntaf, mae'r patrwm yr un fath o'r bacteria lleiaf i fodau dynol. Yn ail, yn ôl pob tebygolrwydd mae'r côd yn ymestyn yn ôl i gychwyniad bywyd, a dyna godi eto gwestiwn a flinai Mendel: sut y mae neges seml, a honno wedi'i hetifeddu, yn medru arwain at greaduriaid mor gymhleth? Yn drydydd, ac yn bwysicaf oll, wedi darllen côd DNA gellid ei gopïo neu ei atgynhyrchu trwy ddulliau artiffisial.

Erbyn y saith-degau roedd gwyddonwyr yn credu bod yr wybodaeth angenrheidiol i gyd yn eu dwylo. Ond yn 1982 gwnaed darganfyddiadau pellach oedd yn awgrymu nad yw llinell a dilyniant DNA mor syml ag y tybid cyn hynny. Digwyddodd hyn wrth astudio afiechydon sy'n cael eu trosglwyddo yn y gwaed. Gwelwyd, er enghraifft, fod rhai celloedd yn newid yn gyflymach nag eraill, ac o edrych yn fanylach daethpwyd i'r casgliad bod cryn dipyn llai o drefn yn perthyn i'r holl broses o drosglwyddo negeseuon trwy'r genynnau nag oedd neb wedi meddwl. Yn un peth, dyw pob neges ddim yn cyrraedd pen ei thaith. Weithiau gall rhannau o'r genynnau beidio â gwneud synnwyr mwyach, ac y mae rhai darnau o DNA nad ydynt yn cario unrhyw neges o gwbl. Dro arall, mae negeseuon yn cael eu hailadrodd drosodd a throsodd. Y broblem ganolog oedd maint y DNA yma sydd dros ben, a hwnnw heb wneud dim. Yr enw arno yw "DNA parasitig".

Canfuwyd problem arall yn ystod y naw-degau oedd yn tanseilio "rheol aur" astudiaethau genynnol. Roedd cytundeb llwyr ymhlith genetegwyr ynghylch y dilyniant DNA>RNA>protein. Yna gwelwyd bod rhai firwses yn gweithio o chwith, gan ymosod ar yr RNA a gyrru eu neges *yn ôl* i'r DNA cyn cael eu cario wedyn yn ôl y drefn arferol. Er gwaetha'r holl gymhlethdodau hyn mae biolegwyr yn ffyddiog y byddant yn gallu deall y map genynnol o fewn ychydig flynyddoedd. Bydd y canlyniadau ym maes meddygaeth yn bell-gyrhaeddol mewn amser, ac erys cwestiynau moesol o bwys i'w hwynebu.[1]

Cwestiynau Moesol

Fe ddaw'n bosibl ryw ddydd i feddygon gymryd y genynnau niweidiol allan o gelloedd dynol a'u trin cyn eu rhoi'n ôl drachefn: dyna a elwir yn "therapi genynnol". Mae llawer o arbrofi yn y maes hwn heddiw wrth geisio trin amryw o afiechydon, a'r mwyaf llwyddiannus yw *cystic fybrosis* a rhai mathau o gancr. Agorir yr un posibiliadau ym myd afiechydon y meddwl.

Ffordd arall o weithredu yw troi genynnau'n fath o ffatrïoedd bach i gynhyrchu'r hyn sydd ei angen trwy osod côd arbennig ynddynt: dyna yw "peirianneg enynnol", ac y mae'n digwydd heddiw gyda llysiau. Dichon y daw'n fwy cyffredin gydag anifeiliaid hefyd. Er enghraifft, eisoes gellir ymyrryd â chyfansoddiad gwartheg godro er mwyn cynhyrchu mwy o laeth. Cam pellach eto yw'r arbrofi sy'n digwydd er mwyn paratoi organau anifeiliaid i'w croesi o un rhywogaeth i'r llall: er enghraifft, o fochyn i ddyn. O dipyn i beth rydym yn dod yn nes at broffwydoliaeth dywyll Stephen Hawking: "Rydym wedi darllen llyfr bywyd. Yn awr medrwn ddechrau ail ysgrifennu'r stori."

Perthyn i bob gwybodaeth newydd ei manteision a'i pheryglon. Ymddengys yn America bod cwmnïau yswiriant yn mynnu bod pobl yn cael profion genynnol i weld a ydynt yn debyg o ddioddef oddi wrth unrhyw afiechydon sy'n cael eu cario yn eu teuluoedd. Ar y naill law, mae hyn i'w groesawu, oherwydd byddai modd trin rhai o'r afiechydon hynny o'u dal mewn pryd. Ar y llaw arall, gallai canfod gwybodaeth o'r fath beri bod llawer o ddioddefwyr yn ei chael hi'n amhosibl prynu yswiriant bywyd. Mae rhai'n ofni y bydd cyflogwyr maes o law'n defnyddio gwybodaeth debyg cyn cynnig gwaith i bobl: unwaith eto, o ran y dioddefwr gallai'r wybodaeth un ai arwain at driniaeth neu at anhawster mawr cael gwaith. Yn yr un modd, wrth i ddarpar-rieni ddod i ddeall mwy o hyd am afiechydon sy'n cael eu cario yn y gwaed, mae'r manteision yn amlwg, ond rhaid wynebu'r ffaith y gall achosion o erthylu gynyddu'n aruthrol.

A throi at faes gwahanol, credir mai genyn arbennig sy'n gyfrifol am wrywgydiaeth. Sut y mae hynny'n newid ein hagwedd tuag at y cwestiwn hwnnw? Dywed y Beibl wrthym mai pechod ydyw, gwyriad oddi wrth fwriad y Duw a roddodd ryw yn rhodd ddaionus inni. Ond bellach yr ydym yn dod i ddeall mai nam ar ran natur ydyw, ac felly nad yw'n briodol sôn am "fai". A beth petai modd cywiro'r nam hwn yn rhywun: ai yr un person fyddai gennym wedyn? Cred rhai y gallai'r genyn sy'n gyfrifol am drosedd a thrais gael ei leoli mewn amser. Beth ddylid ei wneud â'r fath wybodaeth? A ydyw'n awgrymu y gellid trin genynnau pobl er mwyn dileu trais? Neu a ydym am bledio dros gael ein rhyddhau o bob cyfrifoldeb am ein gweithredoedd? Onid yw'n bosibl i bobl newid? Gofynnodd Gwilym R. Jones y cwestiwn, â'i dafod yn ei foch:

> "Digyfrif y cromosomau
> A benna ein bri a'n bai.
>
> 'Nid eiddof fy ngweithredoedd',
> A blediaf i Ddydd Brawd,
> 'Ond eiddo'r sawl a yrrai
> Eu mellt trwy wellt fy nghnawd.
>
> 'Ynof roedd fy hynafiaid
> Yn fwrlwm yn fy ngwaed,
> Yn blismyn yn f'ymennydd,
> Yn ysfa yn fy nhraed'."[2]

A chario'r ddadl i'w phen draw eithaf, a fyddai'n foesol defnyddio therapi genynnol er mwyn esgor ar blant talach, delach, mwy deallus, ac yn y blaen? O fewn rhai gwareiddiadau caiff bechgyn eu ffafrio o flaen merched. Beth fyddai oblygiadau hyn i'r balans rhwng y ddau ryw? Bellach mae gwyddonwyr wedi dysgu techneg clonio, ac y mae i hynny oblygiadau aruthrol. Trafodwyd rhai o'r pwyntiau hyn gan Steve Jones yn ei Ddarlith Reith, *The Language of the Genes* (1991). Yn y ddarlith honno dywedodd mai un peth sy'n sicr, a hynny yw po fwyaf yr ydym yn dysgu am y genynnau, mwyaf dryslyd a chymhleth yr ymddengys y darlun. Ar yr un pryd, roedd am sicrhau ei wrandawyr nad oes yr un bod perffaith wedi cael ei greu trwy ddulliau artiffisial- hyd yma! Cafodd y cwestiynau hyn lawer o sylw dros y blynyddoedd diwethaf gan Gristnogion a moesegwyr fel ei gilydd. Mewn ymateb i bryder cynyddol ar draws y byd, sefydlwyd gweithgor rhyngwladol ar foeseg geneteg. Bydd hwn yn ystyried yr holl oblygiadau moesol a ddaw'n amlwg wrth i fiolegwyr ymestyn eu gwybodaeth a chynnig posibiliadau newydd i'r wybodaeth honno gael ei chymhwyso mewn pob math o ffyrdd ymarferol (cysgodion o arbrofion dychrynllyd y Natsïaid gydag "ewgeneg"). Cau adwyon yw tasg y technegau genynnol. Y broblem yw bod moeseg yn araf yn mynd i'r afael â'r cwestiynau, tra bod gwyddoniaeth yn camu ymlaen yn fras.

Breuddwyd ynteu Hunllef?

Wrth ystyried ar y naill law y daioni mawr i fyd meddygaeth sy'n deillio o ymchwil genetaidd, a chofio'r angen dybryd am ei ffrwyno ar y llaw arall, rhaid gofyn y cwestiwn, ai breuddwyd ynteu hunllef yw geneteg? Tra bod y manteision ym myd iechyd yn amlwg, gallai'r ymchwil a'r arbrofi presennol arwain at sefyllfa lle y bydd gwybodaeth am geneteg yn cael ei defnyddio i siapio'r dyfodol, ac i lywio nid yn unig iechyd dyn ond ei ymddygiad hefyd. Byddai hynny'n arwydd o gymdeithas anoddefgar lle'r ydym am weld pawb yr un fath – yn dal, yn denau, yn llygad-las; yn medru trin tueddiadau at drosedd neu at rywioldeb "annormal" yn y groth, ac yn y blaen. Gelwir arnom fwyfwy yn wyneb her geneteg gyfoes i ddysgu parchu'n gilydd a pharchu'r amrywiaeth ddynol, yn ogystal â chyd-fyw â'n gilydd. Mewn pregeth yng Nghyngor Eglwysi'r Byd yn 1983, dywedodd y Ffrancwr Jean Vanier, sefydlydd y gymuned fydeang L'Arche, bod Darwiniaeth a geneteg yn gosod y cryf yn erbyn y gwan ac yn gwneud popeth i hybu'r cryf. Ond fel arall, meddai, y mae'r Efengyl yn ein dysgu. Rhaid inni gofio ein bod i gyd wedi bod yn wan rhywdro, a byddwn yn wan eto. Gan hynny, mae'r syniad o ddileu pob gwendid yn codi arswyd arno. Gan ddyfynnu geiriau Bonhoeffer, dywed bod ar y cryf angen y gwan lawn cymaint ag y mae ar y gwan angen y cryf. Camp y Cristion, meddai, yw canfod Duw nid yn unig yn harddwch ei greadigaeth ond yn y pethau hagr hefyd, a gweld yr harddwch sy'n unigryw i bob bod dynol. Gwelodd Amos, y bugail o Tecoa, harddwch yr hwn "a wnaeth Pleiades ac Orion", ond gwelodd hefyd Dduw ar waith yng nghanol gormes a chreulondeb ei ddydd.

Ond cwestiwn arall sy'n mynd â'n bryd ni yma. Byddai rhai biolegwyr cyfoes am ddadlau y gellir esbonio'r cyfan am ddyn trwy astudio'i gyfansoddiad genetaidd. Nid yn unig ei daldra a lliw ei wallt, ond hefyd ei foesoldeb neu ddiffyg moesoldeb, ei rywioldeb, pa mor hir y bydd yn debygol o fyw: mewn gair, popeth sydd i'w ddweud amdano. Dyna a olygir wrth "leihadaeth" ("reductionism"), sef y gred y gellir esbonio'r creadur mwyaf cymhleth yn nhermau'r uned leiaf sydd ynddo. Nid yw dyn ddim mwy na dim llai na'r hyn sydd yn ei gelloedd – llwch cosmig, genynnau a DNA sy'n ymestyn yn ôl i'r ffurfiau symlaf ar fywyd. Gosododd Stephen Jay Gould ei fys ar y mater:

> "Humans are not the end result of predictable evolutionary progress, but rather a fortuitous cosmic afterthought, a tiny little twig on the enormously arborescent bush of life, which, if replanted from seed, would almost surely not grow this twig again, or perhaps any twig with any property that we would care to call consciousness." [3]

Ymwybyddiaeth Ddynol

Dwysawyd y ddadl hon yn ddiweddar wrth i fiolegwyr geisio diffinio beth yw ymwybyddiaeth ddynol. A gosod y ddadl yn foel, ai dim ond cadwyn o adweithiau cemegaidd yw ymwybyddiaeth person, ynteu a oes ganddo enaid sy'n ei osod ar wahân i bob rhywogaeth arall? Cred rhai, ac yn eu plith Francis Crick, cyd-ddarganfyddwr DNA, a'r Athro Chris Frith o Lundain, eu bod wedi lleoli rhyw fannau yn ein hymennydd sy'n rheoli ymwybyddiaeth. Yno, meddent, y mae biliynau o gelloedd nerfol, a'r rhan honno o'r ymennydd yw'r meddwl, yr hunan, neu'r enaid. Un arall sy'n lladmerydd cryf iawn o'r syniad hwn yw Daniel C. Dennett o America, awdur cyfrol sy'n amddiffyniad cryf o ddamcaniaeth dewisiad naturiol, *Darwin's Dangerous Idea* (New York, 1996).

Nid pawb sy'n cytuno â'r safbwynt lleihaol. I'r gwyddonydd o

Awstralia, David Chalmers, mae fel petai rhywun yn ceisio gwerthfawrogi darlun gan Rembrandt trwy astudio moleciwl o baent! Ceir rhybudd amserol yng ngeiriau'r athronydd Syr Isaiah Berlin, "We must resist attempts to reduce the human to a simple formula". I'r Cristion mae hyn yn codi cwestiwn Pantycelyn:

> "P'le'r enynnodd fy nymuniad?
> P'le cadd fy serchiadau dân?"

I gael ateb rhaid troi'n ôl at ddarlun llyfr Genesis o Dduw yn chwythu ei ysbryd i ffroenau dyn a gwneud yr hyn oedd yn llwch y tir yn greadur byw.

Defnyddia Chalmers ddameg. Dychmygwn ferch, meddai, sy'n fiolegydd. Fe'i galwn yn Mari. Mae Mari'n dioddef oddi wrth ddallineb lliw cyfan-gwbl, ac felly mae wedi byw ar hyd ei hoes mewn byd du a gwyn heb fod yn ymwybodol o liw. Gall ddweud wrthych yn wyddonol beth yn union sy'n digwydd pan fydd person yn ymwybodol o liw, am y goleuni sy'n taro'r retina ac yn achosi ymateb yn y cortex o fewn yr ymennydd. Ond dim gwahaniaeth faint o ddata gwyddonol sydd gan Mari, ni all dim o hynny ddweud wrthi *hi* beth yw cochni rhosyn. Yn yr un modd, cyn gynted ag y bydd gwyddonwyr yn dechrau esbonio ymwybyddiaeth fel gwrthrych materol, maen nhw'n colli pwynt y peth, sef sut y mae'n teimlo *i mi* o'r tu mewn yn edrych allan ar y byd. Yn ei gyfrol *Awakenings*, dywed Oliver Sacks fod bod yn ddynol yn golygu mynd y tu draw i ffiseg. "Nid bywyd yw Bioleg", medd R. Williams Parry – mae rhywbeth heblaw'r materol yn ein cynhysgaeth. "No collection of physical lumps can add up to even one momentary feeling of pleasure", medd Keith Ward,[4] gan adleisio, heb yn wybod iddo'i hun, eiriau Miall Edwards fod y "twmpath hwn o electronau a phrotonau" yn rhywbeth mwy na swm ei ddarnau.[5] Yn aml bydd hyd yn oed apostolion mwyaf brwd Darwiniaeth yn sôn am ymwybyddiaeth fel *pen draw* neu *nod terfynol* esblygiad. Ceir enghraifft o hyn gan Dawkins:

"Consciousness is the culmination of an evolutionary trend . . ."[6]

Dyna iaith annisgwyl gan un sydd wedi sôn cymaint am esblygiad yn nhermau pŵer dall, heb gyfeiriad na nod!

Myn Ward fynd gam ymhellach a dadlau bod proses datblygiad mewn bywyd yn ein harwain maes o law at Dduw ei hun. Rhaid wrth yr ymrwymiad i'r gwirionedd sy'n briod faes gwyddoniaeth yn ogystal â'r gostyngeiddrwydd sy'n gweddu i ffydd er mwyn ein harwain at ddealltwriaeth lawn o'r cyfanfyd a'r rheswm dros ein bodolaeth.

NODIADAU

1. Am ymdriniaeth lawnach ar DNA, gweler *The Cambridge Encyclopaedia of Human Evolution, op. cit.*, tt.253-321.
2. Gwilym R. Jones, *Cerddi Gwilym R.*, Y Bala, t.21.
3. Stephen J. Gould, *Dinosaur in a Haystack*, t.327.
4. Ward, *God, Chance and Necessity*, t.147.
5. *Crefydd a Diwylliant*, t.80.
6. Richard Dawkins, *The Selfish Gene*, Oxford, ail argr. 1989, t.63.

7

CASGLIADAU

Bu amryw o bynciau gwahanol dan ystyriaeth yn y gyfrol hon, ond daw'r cwbl ynghyd o dan un thema sy'n codi cwestiynau sylfaenol i'r ffydd heddiw. Mae athroniaeth Ôl-Fodernaidd yn honni na ellir esbonio bywyd yn nhermau unrhyw gynllun neu syniad mawr, trosgynnol. Wrth gyhoeddi bod dydd y "metanaratif" ar ben, roedd yr Ôl-Fodernwyr, o raid, yn cynnwys yn eu condemniad bob esboniad crefyddol ar fywyd. Nid yw dim yn real ond yr hyn sy'n digwydd i'r unigolyn heddiw.

Wrth wynebu'r her hon, gwelsom fod llawer o bethau ym mhatrwm a gwead bywyd sy'n ein cymell i gredu fel arall. Yn wir nid yw rhywun yn medru osgoi byw ei fywyd o fewn rhyw fframwaith, beth bynnag y bo. Ein methiant pennaf fel Cristnogion heddiw yw nid ein bod ni'n hunain wedi colli'n golwg ar y fframwaith Gristnogol, ond ein bod yn cael trafferth ei chyflwyno i eraill mewn modd ystyrlon.

Digon tebyg yw'r her a ddaw o gyfeiriad gwyddoniaeth wrth edrych arni o safbwynt y gwyddonwyr hynny sy'n dehongli bywyd yn ôl y dull sy'n cael ei ddiffinio gan y term "lleihadaeth". Dweud y mae'r dehongliad hwn nad oes ystyr i'n bywyd am na all y cyfan fod yn ddim mwy na swm ei ddarnau. 'Does yna ddim lle yma, chwaith, ar gyfer y "stori fawr". Erys dau faes lle mae cred y Cristion ac esboniad y gwyddonydd yn dod i wrthdrawiad â'i gilydd heddiw.

Y Creu

Yn gyntaf, mae gan Gristnogaeth athrawiaeth y Creu, tra bod ffiseg yn pwyntio at ddamcaniaeth wahanol iawn am gychwyniad y bydysawd. Yn ei gyfrol *Climbing Mount Improbable* mae Richard Dawkins yn cyferbynnu'r ddwy agwedd â'i gilydd yn nhermau rhywun yn dringo mynydd (tt.64,70). Gall y dringwr ddewis un ochr i'r mynydd, lle mae'r wyneb serth, garw. Hon i Dawkins sy'n cynrychioli'r syniad bod un moment o greu wedi bod, neu un cam mawr a roddodd fod i'r holl rywogaethau gwahanol ar unwaith – yr holl rywogaethau byw yn eu hamrywiaeth gyfoethog, gan gynnwys y ddynoliaeth. Ar ochr arall y mynydd mae'r llethrau hir, tyner. Dyna iddo ef yw esblygiad, sef taith hir, araf a llafurus y rhywogaethau syml, cyntefig i oroesi a chyrraedd at y bodau mwyaf cymhleth ar wyneb daear. Nid gweithred sydyn o greu sydd yma, medd Dawkins, ond proses o ddewisiad a threigl mewn natur: canlyniad cyfuniad o anghenraid a siawns dros filiynau lawer o flynyddoedd. (Mae Stephen Jay Gould, yn wahanol i Dawkins, yn dadlau bod esblygiad wedi digwydd nid yn raddol a chyson ond yn ysbeidiol o fewn cyfnodau penodedig.)

Yn ôl ei arfer, mae Dawkins yn ysgrifennu'n raenus yma ac yn cyflwyno'i ddadl trwy gyfrwng delwedd estynedig dda (fe wnai bregethwr ardderchog!) ac y mae'n cario'i ddarllenydd gydag ef yn ddidrafferth. Yr anhawster gyda Dawkins, fel y dywedwyd o'r blaen, yw bod ei ragfarnau gwrth- grefyddol mor gryf nes ei fod yn anwybyddu'n llwyr amrywiaeth eang yr esboniadau y mae Cristnogion yn eu harddel ynghylch ystyr y Creu. Codi bwganod a wna, gan ddefnyddio'r iaith fwyaf emosiynol bosibl, er mwyn eu saethu i lawr wedyn.

Byddai rhai gwyddonwyr y buom yn trafod eu gwaith, Polkinghorne, Davies, ac o bosibl Hawking, yn dadlau nad oes wrthgyferbyniad sylfaenol o raid rhwng safbwynt y gwyddonydd ac eiddo'r crediniwr, a bod y naill yn cyflenwi'r llall. Ym marn rhai fel Dawkins, Crick, Jones a Gould, cwbl ofer yw unrhyw ymgais i'w gosod ochr yn ochr â'i gilydd, ac mae'r cwestiwn yn amherthnasol. Gwaetha'r modd, dyna farn rhai Cristnogion hefyd, sef mai cwbl ddiwerth yw unrhyw ymgais i osod safbwynt ffydd a dysgeidiaeth gwyddoniaeth ochr yn ochr â'i gilydd.

Mae'r ffordd hon o ymateb yn debyg i'r un sy'n dweud na ddylem gymryd unrhyw sylw o ddiwylliant a chwestiynau cyfoes; ei bod yn gwbl briodol bod y Cristion a'r eglwys yn encilio i gornel, yn fyddar i bopeth sy'n mynd ymlaen o'u cwmpas. Wrth geisio ateb, gadewch inni gofio na fu ar y Cristnogion cynnar erioed ofn wynebu her byd dieithr a gwrthnysig. Oni bai am waith yr Amddiffynwyr cynnar dichon y byddai Cristnogaeth wedi aros yn sect Iddewig nes iddi ddarfod o fewn cenhedlaeth neu ddwy. Yn yr un modd heddiw, cymaint mwy cyffrous yw'r agwedd meddwl honno sy'n cydnabod y gall y gwyddonydd ddotio at y ffaith bod y bydysawd yn ildio'i ddirgelion i'r meddwl dynol, a'i bod yn bosibl i ni ymchwilio damcaniaethau rhesymegol. Yng ngolwg y Cristion, mae gan wyddoniaeth lawer mwy i'w ddysgu inni eto am ryfeddod gwaith Duw, a thasg y diwinydd yw esbonio mewn termau cyfoes sut un yw'r Duw hwnnw.

Mae diwinyddiaeth dan gabl gan lawer o bobl oddi mewn i'r traddodiad Cristnogol heddiw, yn ogystal â thu allan iddo, ac yn aml y diwinydd sy'n cael y bai am gymhlethu ffydd seml pobl. Ond fe berthyn i "Frenhines y Gwyddorau" o hyd y dasg o ddehongli'r ffydd, a hynny'n feirniadol ar brydiau, er mwyn i'r crediniwr fod yn effro i'r her i'w chyflwyno o fewn pob cyd-destun newydd. Ar un olwg mae'r Efengyl yn syml, ond wrth inni ddod wyneb yn wyneb â phob gwybodaeth newydd, 'dyw credu ynddi ddim yn hawdd nac yn syml, a'r her fwyaf inni fel Cristnogion yw "dal i gredu".

Beth yw Dyn?

Yr ail faes lle mae Cristnogaeth a gwyddoniaeth yn dod benben â'i gilydd yw'r atebion gwahanol a gynigiant i'r cwestiwn "Beth yw dyn?" Dyma'r her bennaf i'r ffydd bellach, - yr her a ddaw o gyfeiriad bioleg, ac nid ffiseg. Dylai'n dealltwriaeth o natur penodau cyntaf Genesis fod yn ddigon aeddfed inni fedru coleddu posibiliadau'r Ffiseg Newydd: er, fel y gwelsom, mae llawer o gwestiynau'n aros yn y maes hwnnw. Byddai rhai'n dweud nad yw cosmoleg wedi datblygu'n sylweddol ers dyddiau Newton, a bod llawer o ffiseg fodern yn gorffwys ar ddamcaniaethu pur. Ar y llaw arall, mae'r dystiolaeth o blaid egwyddor gyffredinol Darwin mor gryf fel mai prin y gellid dweud bod brwydr ar ôl yn y maes hwnnw: fe berthyn y dadleuon i hanes bellach.

I ni, mae bioleg foleciwlar yn codi cwestiynau bron yn feunyddiol ynghylch yr hyn ydyw dyn. Ceisio mynd i'r afael â'r cwestiynau hynny yw'r sialens fwyaf yn awr. Wedi'r cyfan, pe byddai'r biolegydd yn llwyddo i'n hargyhoeddi nad oes wahaniaeth hanfodol rhyngom ag unrhyw ran arall o fyd natur, ac nad ydym yn llwyr gyfrifol am ein hymddygiad, yna ni fyddai llawer o ddiben inni boeni ynghylch beth sydd allan yn y gofod.

Esboniad materol sydd gan y gwyddonydd ar fywyd. Yr unig beth sy'n gosod y bod dynol ar wahân i'r creaduriaid eraill yw bod ei ymennydd wedi tyfu mwy dros gyfnod o amser ac wedi datblygu ymhellach nag eiddo'r anifeiliaid. Byddai'r Cristion am ddadlau bod llawer mwy na hynny'n ei osod ar wahân. Yn un peth, mae gan y bod dynol fesur o hunan-ymwybyddiaeth ac o ddeallusrwydd sydd ymhell uwchlaw yr un anifail arall. A derbyn bod ymwybyddiaeth, deallusrwydd ac iaith yn perthyn i rai anifeiliaid, nid oes amheuaeth nad yw'r ffenomenâu hynny wedi datblygu ymhellach mewn dyn. At hynny, mae ymwybyddiaeth dyn o'i feidroldeb ei hun, o farwolaeth, yn elfen bwysig yn ei ymwybyddiaeth, ac wedi cyfrannu llawer tuag at ei ddatblygiad. Yn ail, mae ganddo ddewis moesol rhydd sy'n golygu ei fod yn deall beth yw canlyniad ei weithredoedd, neu, a defnyddio'r ymadrodd Beiblaidd, beth yw dyfnder pechod. Gŵyr hefyd sut i ymateb i ras Duw. Y dewis moesol rhydd hwn sy'n dangos fod y ddynoliaeth wedi parhau i ddatblygu, a hynny ar hyd llinellau gwahanol.

Ar drothwy'r trydydd Mileniwm Cristnogol cawn ein cymell fel erioed i ymateb i bob her, gan dderbyn pob gwybodaeth newydd, ac nid yn unig ddal i gredu ond bod "yn barod bob amser i roi ateb i bob un fydd yn ceisio gennym gyfrif am y gobaith sydd ynom" (1 Pedr 3:15).